浙水遗韵

安澜宁波

《浙水遗韵》编委会 编

杭州出版社

图书在版编目（CIP）数据

安澜宁波 / 《浙水遗韵》编委会编 . -- 杭州 : 杭州出版社，2022.12（2023.6 重印）

（浙水遗韵）

ISBN 978-7-5565-1950-7

Ⅰ . ①安… Ⅱ . ①浙… Ⅲ . ①水－文化遗产－介绍－宁波②水利工程－文化遗址－介绍－宁波 Ⅳ . ① K928.4 ② K878.4

中国版本图书馆 CIP 数据核字（2022）第 214360 号

安澜宁波

Anlan Ningbo

《浙水遗韵》编委会 编

责任编辑 刘 潇

装帧设计 王立超 屈 皓 卢晓明

美术编辑 卢晓明

责任校对 陈铭杰

责任印务 王立超

出版发行 杭州出版社（杭州市西湖文化广场 32 号 6 楼）

电话：0571-87997719 邮政编码：310014

网址：www.hzcbs.com

印 刷 浙江国广彩印有限公司

经 销 新华书店

开 本 710 mm×1000 mm 1/16

印 张 18.75

字 数 300 千字

版印次 2022 年 12 月第 1 版 2023 年 6 月第 2 次印刷

书 号 ISBN 978-7-5565-1950-7

定 价 98.00 元

《浙水遗韵·安澜宁波》
编纂委员会

主　任：张晓峰

副主任：史俊伟　吕振江　胡　杨　翁瑞华　竺灵英
　　　　劳可军　薛　琨

委　员：王　攀　王永宝　王明杰　王建平　毛跃军
　　　　池　飞　孙春奇　杨　军　杨　辉　杨伟军
　　　　李　彬　李旺欣　张建勋　陈松林　周朝辉
　　　　俞红军　袁　波　徐长流　黄佰坚　盛叶荣
　　　　傅明理　谢飞红　程　斌　蔡建孟　潘仁友

主　编：薛　琨

副主编：李旺欣　王建平　沈季民

《浙水遗韵·安澜宁波》
编纂委员会办公室

主　任：李旺欣

副主任：张　虹

成　员：任科帆　杨小平　李代银　汪　凯　张小飞
　　　　陈月祥　郑　鑫　项小平　顾雨濛　夏军武
　　　　谢郑园　谢霁芃

撰　稿：黄文杰　何良京

摄　影：潘旭光

总序

一

鸿蒙上古，洪水肆虐；海晏河清，安澜浙江。

穿越时空，谁能证明那些被折叠在山水尘土中的沧海桑田？穿透岁月，谁能唤醒那些活跃在绚烂长河中的生命伸张？带着问题，一场特别的文化巡礼拉开帷幕。当时的一座坝，现在的一个谜，一些润物耕心的洗练，一切高岸深谷的变迁，都成了这场水文化之旅中的奇妙体验。

浙水文化起源自先民对水的最早认识和适应，嬗变在碰撞中发生，也在融合中沉淀。上山遗址出土的炭化稻米遗存，照射出一万年前水与稻作农业的交融。跨湖桥遗址保存的独木舟，荡起了八千年前向水而生的文明涟漪。河姆渡遗址的水井和干栏式建筑遗迹，见证了早期聚落取水、避水的杰出创造。良渚古城遗址的外围水利系统，奠定了五千年前良渚文明的兴起。

如果说浙江早期文明是点点繁星，那么由于水的涵养滋润，繁星最终汇成了壮丽天河。在这些星辰浩渺的水文化碎片中，我们见到了一个又一个历史的细节，看到了我们祖先逐渐铿锵的文明步伐。

人称东南形胜的浙江，并非自古繁华，今日之繁荣很大一部分得益于水利建设的发展与完善。在历代的治水实践中，人们抵御洪潮侵袭，大兴蓄灌引排之利，变斥卤不毛之地为桑田粮仓，不断捍卫生存家园、拓展发展空间，使浙江逐步成为宜产、宜业、宜居、宜游、宜学的民丰物阜之地、山川秀丽之境、文明礼仪之乡。

二

孜孜不倦，久盛长兴。如今，浙水遗韵，绵延于山海之间，回荡在浙江大地之上。

西湖的疏浚，不仅保留了淡妆浓抹总相宜的湖光山色，更可灌溉周边千亩良田，哺育出钱塘繁华，“参差十万人家”。鉴湖的开浚，一度使山会平原“无荒废之田，无水旱之岁”。溇港体系的建成，使太湖南沿沼泽上松软的涂泥成为适宜耕种的沃土，从此“山从天目成群出，水傍太湖分港流”，桑基鱼塘、丝绸之府、鱼米之乡成为湖州名片。白沙溪三十六堰、姜席堰的修筑，使得金衢盆地“每岁禾田无旱日，此乡农事有余秋”，成为浙中粮仓。通济堰、松阴溪古堰群的兴建，成就了碧湖平原和松古平原的殷实富饶。它山堰的兴建，灌田数千顷，使鄞西平原成为浙东重要产粮区，“一朝堰此水，千载粒吾民”。

始建于东汉的东苕溪西险大塘，经历代增筑，昂然屹立一千八百余年，是杭州城和杭嘉湖平原的重要防洪屏障。古处州、严州、衢州、临海、兰溪等地的防洪城墙，守护着临河古城的市井繁华。钱塘江海塘的兴修，使两岸杭嘉湖平原和萧绍平原免于咸潮侵害，成就了“苏湖熟，天下足”的经济格局。唐时“当今赋出天下，而江南居十九”，明代“浙东西又居江南十九”。清代乾隆帝六次南巡，四次亲巡海塘一线，足见海塘所系已不只是浙江，更是牵动整个国家的经济命脉。

慈溪、余姚等地历史上不断向外拓展的一道道海堤，将荒滩盐场变为农田桑麻之地，使得“从兹疆场水奠安，黍稷桑麻应郁然”。三江闸的兴建，集挡潮、蓄淡、排涝诸功能于一身，重整了河口灌排水系，使鉴湖湮废后的萧绍平原得以复兴。椒江河口右岸在千百年里以层层外推的十多条海塘，演绎着向海而生的勇毅。金清闸、新金清闸、金清新闸的迭代演进，八百年间蓄淡、御咸、排涝，成就了温黄平原的繁盛。

京杭运河和浙东运河的凿通，为商贾繁盛提供了舟楫之便，促成了杭州区域中心城市的崛起。温瑞塘河打通了东瓯动脉，促进内外物资、文化的交流，成就了温州山水人文城市的佳话。沿衢江、新安江、瓯江、甬江等水系及各支流星罗棋布的古埠渡口和码头，转运着人员物产，激荡着时代风云，思想、风气往往得天下之先，浙江商帮由此走向全国，走出海外。

遍布于浙江山区、平原、海岛的近六千处古井，解决了人们日常饮食起居的水源供应。看似原始简单的水井，有效地支撑了人们向艰苦环境的拓殖，支撑起各地乡村、城市的发展与繁华。

三

跃动于灵感之上，传承着古人治水的智慧与思想。它山堰、通济堰等巧妙的堰底倾角与拱形设计，龙游“南堰北塘”的格局体系，得益于治水技艺的传承与创新，古老的工程历经沧桑仍发挥效用。龙现梯田十三闸分流引水，蜀墅塘的三枧九圳分水体系，科学合理的水事制度，有力保证了农业生产，也维护了社会稳定。这些智慧的灵光记载于卷帙浩繁的水利文献典籍、丰富广布的石刻碑记之上，启迪着后人。

洋溢于点滴之中，塑造着浙江的气质禀赋和精神风貌。由水衍生出的民俗仪式和神话传说，寄托了人们对生活的美好向往：分布广泛的“大禹庙”，表达了人们对治水英雄的纪念；踏塘、祭潮的民间仪式，象征着人们对风调雨顺、河清海晏的珍视；流传广泛的防风治水、钱王射潮传说，反映了艰苦卓绝的治水历程，颂扬了不屈不挠的奋斗精神。正是有了山清水秀、江河安澜，才有了生活的诗意，有了乐山乐水的闲暇与浪漫。

从水利工程到技术制度、从民俗仪式到神话传说，从物质到精神的一切，携带着历史的、科学的、艺术的、文化的基因，成就了璀璨夺目的浙江水文化宝库。浙江省水利厅于2021年组织开展了全省重要水文化遗产调查。历时两年，各县（区、市）调查团队遍检群籍、查阅史料，翻山涉河、深入现场，不辞辛苦整编成果，筛选出全省水文化遗产10000余项，其中5200余项纳入“浙江水文化”数字平台。我们从中精心选录800余项按11个地市编纂成书，以飨读者。有诗画杭州、清丽湖州、水印嘉兴交织出的如画诗境，有源起衢州、水墨金华、山川丽水描绘出的绝代风华，有理水绍兴、安澜宁波、水定舟山传颂着趋利避害的治理传奇，有潮起台州、平水温州咏唱着催人奋进的山海长歌。

这些水文化遗产带着特定环境与时代的烙印，是跨越了时间的宝贵财富。当水流翻过古老的堰坝，当江潮拍打鱼鳞石塘，当余晖映红运河水道，当大禹祭典的钟鼓震颤长空，我们仍能感到迎面拂来的那阵暖风，吹来的是未泯的典范和当下的星空，还有无数个我们未完待续的如水诗篇。

目录

通江达海

海晏河清

时代潮涌

背倚丹山，巍巍翠峰如簇；
面朝碧海，绵绵绿岛似珠。
怀抱三江，六岸平畴百里；
清渠织网，沃野棋布镜湖。
稻香鱼夥，四季翻金波银浪；
桃红橘绿，天工开壮美画图。

——陈洪勋《宁波赋——为宁波建城1200周年而作》

安澜宁波

一

宁波，依水而生、因水而兴的城市，自古兼得江河湖海之利。

这个地处南北要冲、北纬三十度横贯的东南门户城市，山海相望，岸线交错，风景绮丽。其境内的主体山脉南脉为天台，北脉为四明，以奉化江为界。山脉东贯入海，化为舟山群岛，成为城市的天然屏障。山脉之间，盆地像珍珠一般散嵌在滨海大地。宁绍平原东部，四面环山、略有缺口的宁波平原，是境内最大的盆地，也是城市发展的重地。盆地东面、南面，奉化江、余姚江直贯进入，在平原中心汇成甬江，向东北蜿蜒 26 千米，涌入东海。甬江水系也是宁波最大的水系，流域面积为 4518 平方千米，是浙江八大水系之一。因山脉面海而立，河流短促，甬江以余姚江源计算不过 133 千米。区域内其他独流入东海、象山港、三门湾的水系更短，自北向

三江口景色

南有大嵩江、凫溪、中堡溪、茶院溪、白溪、清溪6条河流，流域面积超过100平方千米。依照第一次全国水利普查宁波市河湖普查成果，集水面积10万平方千米以上的山地河流126条，河长1500千米；河道面宽5米以上的平原河流4142条，河长8774千米。海岸及河口岸线总长1678千米，其中陆域岸线809千米。

因高山面海而立，大约有千米以内的落差，有利于水汽抬升，形成降雨。宁波多年平均降雨量为1525毫米，天台山上的宁海双峰、四明山上的余姚大岚为两个暴雨中心，年降水量在1700毫米以上。境内属北亚热带季风气候，四季分明，雨热同步，植被丰富而茂密，森林

覆盖率在50%以上。林木竞秀的天台山、四明山为天然的巨型水库，终年山溪淙淙。良好的植被保护了水土，除洪水时期，山溪、河流常年几近清澈，每年输入海洋的泥沙量较少。但降雨年内分布不均，呈两个高峰、一个低谷和一个少雨期。第一个高峰出现在6月上旬开始的冷暖交替的梅雨季；低谷出现在7月中旬开始的副热带高压控制的伏旱期；第二个高峰出现在8月中下旬开始的台风暴雨期；一般10月至次年3月降雨量较少，若遇台风影响少或“空梅”年份，则降雨会出现单峰。台风期间，溪河水位陡涨，如果遭遇强潮倒灌，城市易发生洪涝灾害。

河姆渡遗址

宁波城内有一座建于唐代武则天时的天封塔，是老城港口的航标。宁波流传着古时甬江蛟龙作乱、海潮不宁、淹没城市的故事，一位老石匠从四明山上取得一块宝石，用宝石光芒杀退蛟龙。这座高塔即为藏护宝石而建，显现着宁波百姓治理水患的意志与气概。

而宁波治水的传说最早可以上溯到河姆渡文化时期的舜禹传说。距今6000—7000年发生海侵，海平面不断上升，侵入长江口内，即今扬州一带。据研究资料表明，约40%长江来沙随岸流回淤在杭州湾及其近海，约11%散积在浙闽沿海近岸水域，这就是长江口南岸海水混浊的主要原因。杭州湾南岸因泥沙堆积地势抬高。距今5000年，向北注入钱塘江的余姚江被迫改道，越过余姚江谷地，注入东海，并最终形成现代的甬江水系。余姚江形成后，余姚江谷地的古代大湖加速成为沼泽，最终消失。平原向北扩张，余姚江流域面积扩大。甬江咸潮从此一日两次倒灌进入平原，土地盐渍。先民赖以

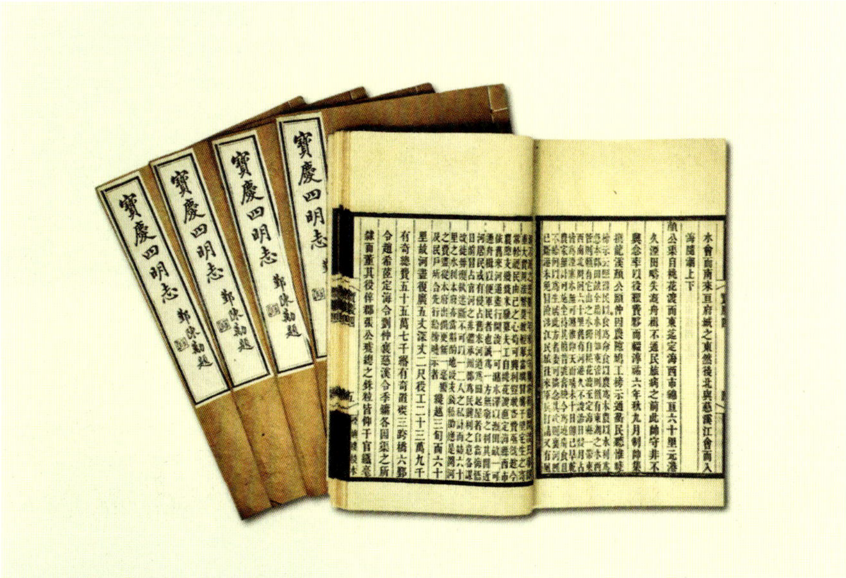

《宝庆四明志》记载了浙东运河相关历史

为生的水稻从连年减产到颗粒无收，河姆渡人最终不得不放弃这块生活了近2000年之久的土地。在那个时代，人们还没有足够的能力治理大江，他们把这种能力加之于治水先祖舜、禹的身上，故余姚江又称“舜江”。余姚的余姚江北岸、龙泉山东有秘图山，传说是大禹藏治水秘图之所。

长江来沙与河流冲击滋长着依山而起、向海铺展的平原。沙洲围聚起一个个海迹湖泊，据宁波古代各县志记载有近百个。较大湖泊如慈溪横河的烛溪湖（旧属余姚），宋时面积约 13208 亩；余姚泗门汝仇湖宋时面积近 10 万亩；其余如余姚回龙余支湖、历山黄山湖，海曙（旧属鄞县）广德湖、小江湖等。这些湖泊或因造田，或因江沙冲积消失在历史之中；现存湖泊主要有 15 个。相比古代，现今这些湖泊大多面积缩小，蓄水有限，部分已经改为水库。留存至今最大的为鄞州区东南的东钱湖，水域面积约 20 平方千米，是浙江省最大的内陆淡

明代《宁波府城图》局部（拍摄于宁波城市展览馆）

水湖。较大湖泊如位于翠屏山北麓的上林湖、四明山北麓的牟山湖，其余如翠屏山一带的白洋湖、凤湖、窖湖、灵湖、梅湖、慈湖，以及城区的月湖等，面积都比较小。

二

一部宁波发展史，半部城市治水史。水利在城市发展上扮演着先行的重要角色，在宁波大地上凝聚着先民智慧的水利文化遗产，记录着城市从远古迈向近代，从初成走向成熟，并不断转型发展的澎湃壮丽的历史过程。

《宝庆四明志》载：“四明山水注于江，与海潮接，咸不可食，不可溉田。”舒亶《西湖引水记》说：“明之为州，濒海枕江，水难蓄而善泄，岁小旱则池、井皆竭。”宁波水利的重要方法指向是“天人合一”“巧用山川”。宁波人借助山地平原台阶式地形，利用天台、四明的清泉活水，治理海潮每日两涨的盐碱问题。这种治水理念萌于古越，始于两汉，在两晋南北朝宁波平原沿山地带尤其是鄞西平原渐起高潮，宁波水利格局初现雏形。地方官员对水利事业的重视、支持，加快了水利工程建设，尤其是唐代建立州治以后。唐代鄮县县令王元暐所建的它山堰，是前期近千年水利的总结，又是新千年水利的先导。这一水利设施隔断奉化江支流鄞江，将鄞江上游的樟溪之水导入南塘河，灌溉鄞西平原20多万亩土地。旱涝无常的鄞西平原从此变成了鱼米之乡，区域“波宁”始见其效。它山堰是传统灌溉工程的典型代表，也是水利工程可持续性发展的典范，至今仍发挥着它的效用：南塘河水最终被引入三江口州治，为城市引来清泉，成为集灌溉、排涝、防洪和城市环境用水等作用于一体的综合性工程。可以说，它山堰也塑造了宁波的城市格局，即所谓“堰成成甬”。

中国历史的大变迁常常为宁波水利发展带来新的推动力量。两晋南北朝的南迁百姓与土著合作，兴办了大量陂塘与堰埭碶闸，并从沿山地带向平原不断推进。这类工程规模不大，费工较少，但作用巨大，可阻挡江潮、护卫河流、控制涝旱、改善地下水环境，使卑湿咸碱的土地化为膏腴良田，成为宁波水利工程的一大特色；在宁波还留下了“碶”“隘”等独特的地名。唐安史之乱、宋靖康之变，宁波又迎来两次中原百姓大南迁，区域人

它山堰

口迅速增长。10 世纪到 12 世纪人口从约 21 万增长到约 90 万，增长 3 倍以上。人口增长带动对土地与精耕细作的需求，水利建设再起高潮。鄞西平原在以南宋吴潜为代表的贤臣治理下，得到进一步完善。吴潜在它山堰下游修筑洪水湾塘，为阻隔江河还修砌长 10 余千米的吴公塘；在月湖平桥之下，建水则亭，刻“平”字于石，作为沿江水闸启闭潴泄的标准。至清代，它山堰 - 南塘河配套工程增至 9 坝、5 堰、13 塘，与中塘河和西塘河及 20 余条支渠形成了一个完整的水利工程。

江流与山脉，将宁波平原分为四大区域，即集四明山水的鄞西平原、集太白山水的鄞东平原、集翠屏山水的江北平原与三北平原。这些平原水系的治理各具特点。鄞东平原重在源头东钱湖的治理。东钱湖汇聚 72 条山溪，在唐代有规模浚治的记载，历史上以北宋鄞县县令王安石的治理最为著名。东钱湖的水源调控，有效提升了塘河蓄灌能力，也较好地解决了小浃江咸潮对鄞东平原的影响。江北平原为余姚江平原东部区域，历史上长年为余姚江咸水浸渍，平原百姓早期多利用翠屏山南麓修筑湖泊，以满足生活与灌溉用水，这些湖泊之水汇入慈江。宋宝祐五年（1257），沿海制置使吴潜买民田开管山江、

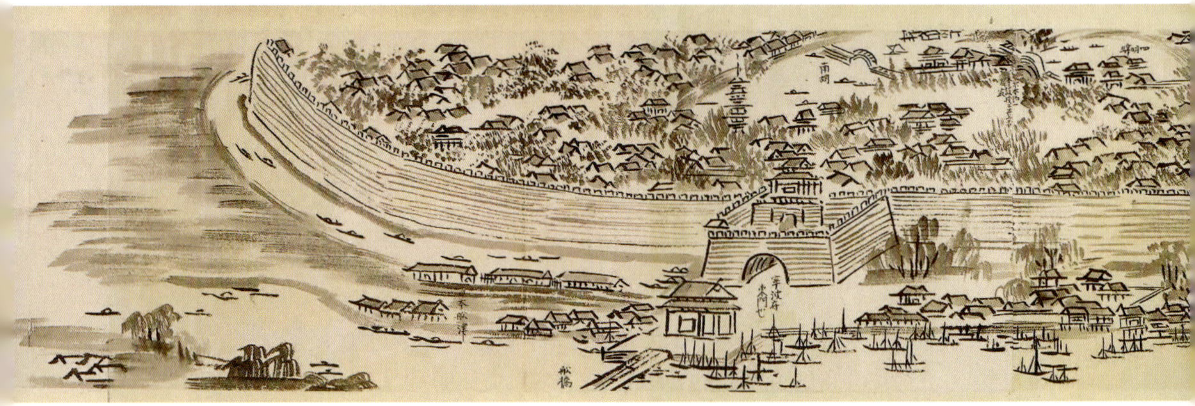

明代来甬日僧雪舟绘《宁波府城图》

刹子港，解决慈江水流细缓、迂曲不畅的问题，又在慈溪县东南十五里重置茅洲闸，即今天的化子闸，贯通慈江与中大河。化子闸有效压制了余姚江咸潮上涨，同时涨潮时启闸纳淡水，退潮则闭闸蓄水，10多万亩农田灌溉受益。

宁波三江平原以修建拒咸泄洪的碶堰为主，三北平原则通过造塘围垦，化沧海为桑田。三北平原为杭州湾向北突出的半岛，面积约1500平方千米，其中600多平方千米土地为近两千年来围塘而成。最早围塘相传始于秦代，汉代陆续建灵绪湖塘、鸣鹤杜湖塘、白洋湖塘等，在东汉时已形成窖湖、灵绪湖、白洋湖等人工潟湖。宋帝国迁都杭州之后，杭州湾两岸平原日益成为帝国的经济重心，筑塘工程得到了较为充足的人力、物资支持。北宋庆历七年（1047），谢景初任余姚知县，率民筑大古塘以抗海潮。庆元二年（1196），余姚县县令施宿再次增筑，部分土堤改为石堤。至明洪武二十年（1387），形成全长80余千米的大堤。其后又向北拓建二塘、三塘，至今已有十二塘兴建。始筑于唐乾宁四年（897）的镇海后海塘，"城塘合一"，至今巍然屹立。海堤的建设，隔绝了内河与大海的联系，使宁波区域形成了湖泊—河

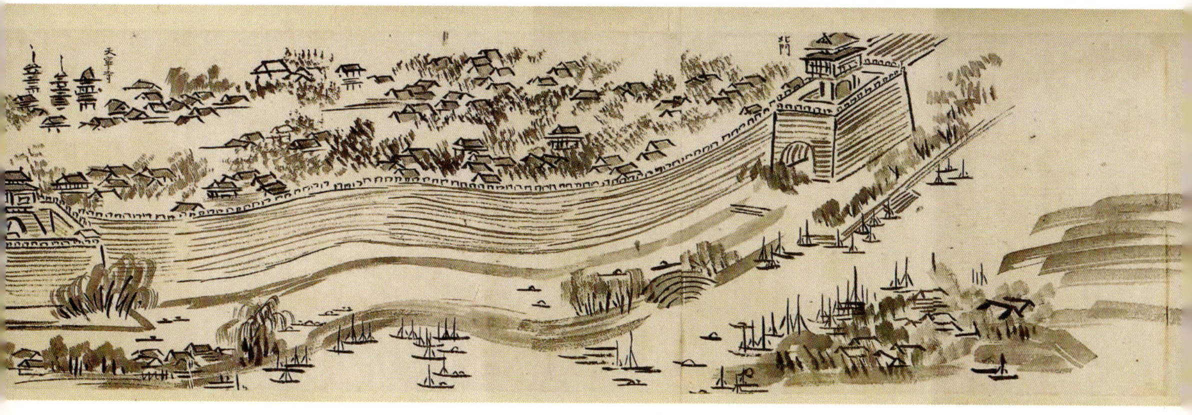

《宁波赋》（拍摄于宁波城市展览馆）

网—海堤相连的“海定波宁”的水网系统。

中华人民共和国成立以后，宁波水利建设发展波澜壮阔，高潮迭起，成就卓著。1959 年，姚江大闸建成，余姚江咸潮得到彻底解决。宁波市域内第一座水库——象山丹城的东谷湖水库 1952 年动工后，水库建设成为改变宁波水利面貌的重要工程。现宁波全市注册登记的水库有 398 座，山塘有 1863 座，在群山密林间形成一片极为壮丽的山顶湖泊群。为满足宁波经济建设的发展和人民生活水平提高的需要，宁波大规模推广长距离输水工程。宁波水库群联网联调工程，使水库通过渠道互相贯通，形成“一盘棋”的大宁波供水体系。浙东引水工程运行，慈溪境内陆续建成四灶浦水库、郑徐水库等，以蓄入慈淡水。随着城市建设推进，水利内涵不断丰富，功能逐步拓展，领域更加广泛，构建起以灌溉、防洪为主，兼顾供水、航运的水资源流域管理，在改革开放以后，进一步为国民经济各个部门服务，基本形成与现代化滨海大都市相适应的“海定波宁”的水利发展新格局。

三

宁波的水利建设从河姆渡先民的逐水而居开始，经

中国大运河浙东运河（宁波段）世界遗产标志

历了由“小水”到“大水”的发展过程。从“渡口”（河姆渡）、“溪口”（它山堰）、“三江口”（宁波州治），到“港口”（包括三江口、镇海口、北仑港），涓涓细流，经过种种疏导，汇成江河，最终融入大海。宁波水利伴随城市化、移民及人口压力而推进，塑造了宁波城“三江六塘河，一湖居城中”的格局，也以其重大的航运价值开发，造就了宁波鲜明的“河海之城”的文化特征，被日本学者斯波义信称为“甬江模式”。

“三江六塘河”是古代宁波平原的交通动脉。宁波平原水系从“以船为车，以楫为马”的越国时代开始，就已经通过开挖运河与会稽山平原相沟通。到唐宋时，这条被后世称为“浙东运河”的水道，已经形成体系，是宁绍平原繁荣的动脉通道，并成为中国大运河体系的重要组成部分。当时的宁波（时称明州）通过水路，可以到达遥远的中原、京畿，及至巴蜀等地。而杭州限于钱塘江江潮汹涌，航道不定，于是面向大海的宁波又成

宁波港口

为中国大运河与海上丝绸之路的联结点，帆船时代东海岸南北航运的换船中心。青瓷、丝绸等国际化贸易在唐代开元年间（713—741）催生了这个开放的城市。9 世纪晚期，明州（今宁波）作为越窑产品的主要外销港口，直接面向东亚、东南亚诸国，直至更远的地区。至宋元时期，明州港通达的国家与城市数量更是得到大幅增长。无数海舶扬帆远渡，无数河船摇橹北上，河运、海运有机结合，使宁波成为中国古代城市发展史上城市格局与物流能力有机结合的典范。

廉价而安全的水运支持着区域发展，促进了运河沿线港口城市的发展。在宁波境内，百里之间，形成了余姚、慈溪（今慈城）、宁波（府城）、镇海四座运河城市。这是另一个意义上的“水利成甬”。余姚县城，始建于公元 200 年[a]，是余姚江西段和曹娥江东岸的航运水利

① 余姚置县，一说为秦代，另一说为西汉。县城分北城与南城，其中北城始建于公元 200 年。

中心。慈溪县城，始建于公元 738 年，扼守并承担了余姚江河谷平原东段余姚江、慈江的航运与管理。宁波三江口府城，始建于公元 821 年，是提供河海转运的核心港埠系统。镇海城，建于宋初 a，主要是为了解决出海口的安全。在近 100 千米运河主航道上这样密集地设置形态、结构、职能各具特色、发育完备的四个古代府县级行政机构，保证了宁波港及大运河浙东运河（宁波段）各段航道的功能管理需求，这在其他区段并不多见。

在南宋时，浙东运河（宁波段）上的工程设施和管理制度得到极大完备。这是一条由人工水道与渠化河道构成的复线运河，除虞余段载重能力为二百石，余姚段及以东段通航能力在五百石以上。国家对运河实行准军事化的管理，过坝处常设有专门管理机构。以堰坝为主构成节制工程体系，同时兼具灌溉、排水等综合水利功能，今天仍然是区域生态环境的重要一环。

四

水文化是宁波的母体文化。宁波溪江河湖海多样性的水形态，滋养出城市多样化的水文化。宁波重大的文化现象，都浸润着水利的精神与魂魄。河姆渡文化有目前世界上最古老、最丰富的稻作文化遗址，它山堰是世界级的灌溉工程遗产，运河文化与海丝文化相连，展现出城市吞吐大洋的气魄，生发出阐扬“工商皆本”“经世致用”新儒学思想的浙东学术文化和观音、弥勒、妈祖等信仰文化，为城市经营中国大运河与海丝之路、为宁波商帮的崛起提供价值支持。海纳百川，有容乃大。宁波水文化兼收并蓄，鼎新革故，形成了超越地域的开

① 镇海建治始于唐元和四年（809）在甬江口建望海镇，五代吴越国时改为定海县，清康熙二十六年（1687）改名镇海县。

阔宏大的气象，不仅在中华文明史上具有重要地位，对东亚乃至世界的文明进程也产生重大影响。

水文化濡润着宁波人的生活。从水利设施来看，经过历史的洗涤和沉淀，如它山堰、东钱湖等众多河流湖泊上“精准细严”的水利工程，已经成为重要的地方文化，滋养着宁波人道法自然、实事求是的科学精神与敢闯敢试、团结担当的家国情怀。依水而生的历史文化名城、名镇、名村如星辰散布四明大地，其种种风情独具的老宅桥梁，秀丽典雅的空间格局，流淌着温柔典雅、清新活泼的水性，是宁波文化的重要标识，也是宁波人的乡愁所系。沿着水路，龙舟竞渡、前童元宵行会、鄞江它山贤德庙会等烂漫民俗如春花绽放，在红火热闹的民间节日里，有着形式丰富的舞龙、跑马灯、走书、甬剧等艺术表演。水路也生发着文人士大夫的诗情画意，四明山溪、大运河都是唐宋诗人、明清骚客的放歌之地，“城市之心”月湖则有连绵千年的诗社，以楼璹《耕织图》为代表的书画作品，以《琵琶记》为代表的明清传奇，以及近代浙东乡土小说等，都是中国文学艺术史上的绚丽篇章。宁波市及所辖十个区（县、市）的命名均与水相关，其中海曙、镇海、宁海以海命名，余姚、江北、奉化、鄞州与纵贯区域的三江相关，北仑、象山与港相融，慈溪以溪命名。

宁波水文化遗产深刻展现了历代先贤的智慧，全面挖掘水利功用，以水利创新与进步促进社会整体发展。其中它山堰被列入世界灌溉工程遗产名录，中国大运河（宁波段）被列入世界遗产名录。2022 年 4 月，宁波完成全市重要水文化遗产调查验收工作，包括 1949 年前的重要物质类水文化遗产和非物质类水文化遗产，以及反映中国共产党带领人民治水，具有突出“红色文化”“革命文化”色彩的水利工程。目前宁波市拥有重要水文化遗产577个，包括水利工程遗产253个，相关不可移动遗产160个，相关可移动遗产13个，非物质文化遗产和文史资料151个。

《浙水遗韵·安澜宁波》是宁波八千年历史的生动实证，也是我国文化遗产的重要组成部分。本书共分六章，以历史为主线，以重大水利文化遗产为重心，聚焦重要水利工程、重要水利人物、重要水利事件、重要水利典籍、重要水利民俗，纵横结合，集中阐述宁波作为滨海湿地改造与河海之城航运的鲜明水利特征，展现宁波恢宏壮丽的水利精神。第一章“海洋曙光”，从井头山、河姆渡遗址的水利先声开始，展示濒海先民的独特创造。第二章“海定波宁”、第三章“通江达海”、第四章“海晏河清”，分别从宁波人智慧地解决灌溉、生活等用水需求，水利航运与城市发展，以及面向大海的围塘垦殖，叙述宁波从“海不定波不宁”最终走向“海定波宁”，从东南滨海独立小水系融入中华运河大体系，成为大国开放都市的先进水利支撑。第五章“时代潮涌”，以中华人民共和国成立到20世纪70年代，年限50年以上水利遗产为重心，反映中国共产党带领人民治水的伟大历程，以及水生态文明建设等相关情况。第六章“天一生水”，记录与水体、水工程紧密相关的各类物质与精神文化遗产，主要包括水利文献、非遗传说以及具有宁波特色的江南书香文化。

人类文明进步的历史充分证明，没有先进文化的引领，没有精神领域的极大丰富，一个国家、一个民族，不可能屹立于世界先进民族之林。现代城市的发展已经进入转型期，城市发展理念已从过去单纯以经济建设为导向转向突出文化特色和注重生活品质。宁波在制定城市发展规划和地区水利规划中，要充分考虑与现代化滨海大都市相适应的城市水利。可靠的防洪安全、完善的排涝设施是城市可持续发展的基本保障，充足而清洁的水源是城市生存和发展的条件，良好的水环境和河流景观是现代化城市的重要标志，而丰富多彩的水文化，是现代城市精神文明和文化建设的重要内容。从文化的角度研究水问题，重新审视人与水的关系，建设先进的水文化，是推进传统水利向现代水利转变、推动民生水利新发展、推动生态文明建设的迫切需要，是满足人民对美好生活追求、提高城市文化软实力、建设社会主义文化强市的重要内容。宁波在推进水利现代化建设方面走在全国前列，面向未来，我们要以更深刻的认识、更开阔的思路、更有力的措施，大力加强水文化建设，营造水文化百花齐放、姹紫嫣红、繁荣发展的新局面。

当尧之时，水逆行，泛滥于中国，蛇龙居之，民无所定，下者为巢，上者为营窟。

——《孟子·滕文公章句下》

海洋曙光

中华民族是人类海洋文化的主要缔造者之一，宁波是中华海洋文化的重要源发地。渊源脉络逐渐清晰的中国史前海洋文化说明，宁波对中国古代文明的起源和形成作出了自己独特的贡献。

余姚翠屏山脉南麓发现距今8300—7800年的井头山遗址，是中国先民适应海洋、利用海洋的最早例证。其文化堆积以海洋软体动物贝壳为主，显现了先民以海产捕捞为主的生业方式。从露天烧火坑、食物储藏坑、生活器具加工制作区等聚落遗址还可以发现，他们的生产兼有采集、狩猎以及早期稻作农业。

大约与井头山遗址相距1000多年，河姆渡文化兴起。这个风姿绰约的文化，几乎绵亘整个宁绍平原及至舟山群岛，而以余姚河姆渡村遗址发掘最早。河姆渡遗址上下叠压着四个文化层，历时2000余年。先民用自己的智慧构建起史前滨海湿地的惬意生活。他们仿照鸟巢栽桩架板，用榫卯技术创造出适合湿地居住的干栏式建筑；他们用耒耜播植稻谷，在宁绍平原留下大量关于耕种鸟田的传说与记载，还发展出后来对东亚产生重大影响的鸟信仰文化；他们关注饮水的质量，开始凿井取用地下水；他们刳木为舟，剡木为楫，向海洋索取生活资源，遗址里出土的大量金枪鱼、鲨鱼等海鱼骨头，说明他们的文化血液里流淌着蓬勃的海洋基因。

在距今7000—6000年之间，海平面持续上涨，距今6000年时到达高峰，海水直拍南部山麓。而后海平面多次反复，上涨、回落，再上涨、再回落。海侵改变了地域面貌，缩减了河姆渡人的生存土地，咸潮使得土壤盐碱化加重，水稻等作物生长困难。先民退入南部山林，在山地与谷口平原间度过了几千年迁徙农业和狩猎业的生活。河姆渡后期文化遗址，诸如余姚鲞架山、奉化名山后、象山塔山等，分布范围比起早期，显然散布范围更广，数量更多，海拔普遍更高，但居址面积反而缩小，反映出繁荣活跃的河姆渡部落逐渐走向衰落。一部分河姆渡先民可能已有能力借助简易的木筏或独木舟漂洋过海向外迁移。

人们在艰难的生活中寻求生存环境的改善，地域开始流传治理水患的神话，宁波口述史有了遥远的开端。人们传说这里是黄帝的八世孙帝舜的出生地，《太平寰宇记》卷九八《江南东道十・明州》载："明州，古舜后为余姚之墟。"黄宗羲在《孟子师说》中说："明州，今余姚、上虞两县皆以舜得名。其水之经余姚者曰姚江（即余姚江），亦曰舜江。其水之经上虞者曰百官江。余姚有历山，上虞有握登山，舜母之名也。……有象田，其土中耕者往往得古陶器，舜之古迹在此两县为最多。……然大概舜之生在余姚、上虞，故曰'东夷之人'。"舜出生的时代，与余姚江改道东行的历史相近，也许在余姚江改道东流的过程中，河姆渡人逐渐积累了水利经验，并以大舜治水的故事来承载。故余姚江又称"舜江"，以表达先民水利改造的文化自信。

这也是宁绍平原逐渐形成并扩张的时代，在四明山南部、西部靠近山麓的平原地带，在地下2—3米处，就可以见到全新世的海相地层。这种青灰色淤泥质黏土构成的地层，厚度从几米至50米不等，在河姆渡附近，厚达15米，顶面埋深3—4米。山溪冲击与海水交汇，共同作用生成遍地的湖泊。这些湖泊一般都比较浅，蓄水能力差，因与潮间带相距不远，在气候湿润、降水丰盈之时，便泛滥成灾，满溢一片。此时的先民显然只能"山居"为主，过着如《吴越春秋・越王无余外传》所说"随陵陆而耕种，或逐禽鹿而给食"的生活。部分试探移居大泽的人民，也只能在沼泽地的孤丘上，以捕鱼、狩猎与耕种小片坡地维持生计。《禹贡》将全国土地按肥力划分为九等，这里自然被列为“下下”之地。

作为河姆渡文化的延续，越国在这片山海交错的土地上艰难发展。史载，越国在公元前 2032 年建立，历经夏朝、商朝、周朝，直至公元前 222 年秦置会稽郡，历时 1810 年。这个国度极度崇尚水利，他们自称是大禹的直系后裔，大禹治水的故事自然也在宁波境内流传。越王句践时期，宁绍平原得到较大的开发，筑堤围塘、水道开凿等技术经验不断积累，成为后世鉴湖、运河和海塘的滥觞，触地成川的宁绍平原上东西向的运河（浙东运河）初露端倪。水利不仅支撑越国农业经济，也支持起越国发达的江海航运能力，这为越国强盛及至称霸提供了重大支撑。公元前 472 年，句践为彰显霸业，加强对平原东部的管理，在余姚江进入宁波平原的四明山渎口、现在的江北区慈城镇的王家坝村一带建立句章城，作为出海的军事港口。

一、远古之声

考古学是文明起源研究的主角。井头山遗址的发掘，极大延伸了中国海洋文化考古的历史轴线，也为全新世早中期中国沿海和全球海洋环境快速变迁树立了精确的时空坐标，揭示了中华文明自孕育之初就呈现出多元发展的鲜活场景。

井头山遗址位于余姚市三七市镇三七市村井头自然村，总面积约 2 万平方米。经北京大学考古文博学院第四纪年代测定实验室、日本东京大学综合博物馆实验室、美国 BETA（贝塔）实验室、南京大学碳十四实验室等多家单位测定，共 20 多个数据都显示井头山遗址文化层年代在距今 8000 年上下，最早的距今约 8300 年。其文化面貌、内涵特征与河姆渡文化区别明显，又与河姆渡文化来源密切相关，是河姆渡文化的重要来源。饱水的埋藏环境使有机物得以良好保存。除了标志性的史前贝丘遗址外，还出土了种类繁多、大小不一的大量木制品，数千年后仍然状态如新的成套木作工具，再如用芦苇和竹等制作的席、篮、筐、背篓、鱼罩、扇等编织物，储藏坑中样貌新鲜的橡子、麻栎果、核桃、果壳、松果、灵芝块、猕猴桃种子、炭化米粒、水稻小穗轴等等，内容之丰富和保存状况之好极为罕见。遗址遗迹为我们描绘远古先民滨海生活的场景提供了想象的空间。

海洋曙光

与海共舞

最早的船桨

（黄帝、尧、舜之时）刳木为舟，剡木为楫。

——《易经·系辞下》

（轩辕）变乘桴以造舟楫。

——《拾遗记》

井头山船桨

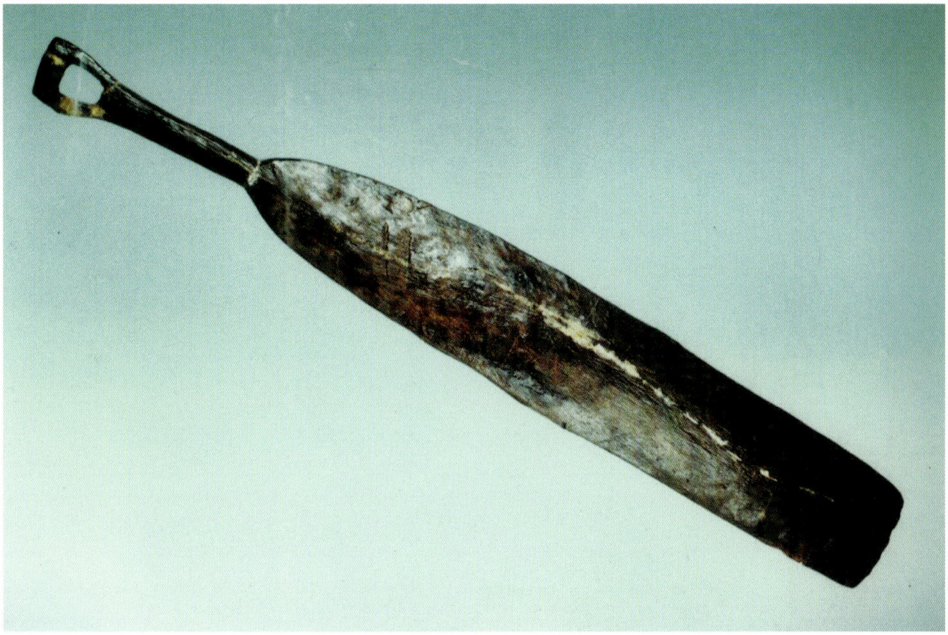

8000 年前的船桨

在古籍记载中，帝王将相或部落酋长可能集聚了诸多发明于一身。当然，更为重要的是考古发掘的实证。逐浪渔猎而生的井头山人，制作出迄今为止发现最早的船桨显得非常自然。井头山一期发掘出土了三支木桨和一件半成品，这些木桨可谓是河姆渡文化船桨的鼻祖。其中有一件短柄带环首，背部略隆起，方头薄刃，非常完整，也非常精致。从它的加工技术和保存完整性来看，这件木桨应该是目前所知中国最早、工艺最先进的航海船桨。船桨与普通长柄船桨有很大不同，前部有两个驼峰一样的突块，可能是一支用脚来划动的船桨。这支船桨埋藏处距地表达 10 米，从地层年代看距今 8000 多年，或者说，尽管我们没有发现配套的独木舟，但由此仍然能推测 8000 年前的交通方式、生活习惯、航海历程等。我们可以想象在远古时期的峡湾间，他们熟练掌握操舟技术，驾着小船进行渔猎、采集。如果从更大的时间与空间轴线中看，正是这些创造使他们走向远方成为可能。

海洋曙光

以海为命
最早的贝丘遗址

吾乡食海盐，羹鱼倾水族。
蠃蛤积果摇，不待贾而足。

——〔清〕李邺嗣《春田东舍》

井头山贝丘遗址出土的贝类

井头山贝丘遗址

滨海宁波，海产丰沃，百姓以食海鲜为命。8000 年前，先民就留下了令人惊叹的贝丘遗址。贝丘遗址指古代人类依赖海洋贝类资源生活而遗留的一种居住点，大多属于新石器时代，在世界各地都有广泛的分布，分布于海洋、湖泊和河流的沿岸，主要在沿海地区。其最大特征是在古人活动过的地层中遗留的大量海生贝类壳体堆积，也可以说是先民丢弃食用过的贝壳类“垃圾场”。经过考古研究，确认井头山贝丘遗址是浙江和长三角洲地区沿海贝丘遗址考古的突破，也是中国沿海地区迄今发现的年代最早、埋藏最深、遗存最丰富的史前贝丘遗址。海洋软体动物贝壳主要有蚶、螺、牡蛎、蛤、蛏等。在井头山人的“海鲜大餐排行榜”上，蚶排在第一位，发现数量最多，主要有血蚶和毛蚶两种。排第二位的是蚝，也就是牡蛎，而且比我们现在吃的要大得多。其中一

井头山贝丘遗址出土的陶器

部分会直接被加工磨制成贝器，比如铲、刀、圆形饰片等。另外还有海鱼脊椎骨和牙齿，以及很多胶结着牡蛎壳的小块礁石等。井头山贝丘遗址的发掘，为全新世以来环境变迁，海侵时间、过程，中国古海岸线发展演变，中国沿海地区新石器时代人类文化的人地关系研究等提供了全新视角和难得案例，这对研究中国海洋文化起源、海洋环境变迁具有重大价值，是中国史前考古的重大突破。

井头山贝丘遗址出土的陶器碎片

二、文明星起

20 世纪 80 年代起，陈桥驿先生运用星轮虫、假轮虫、卷转虫三次“海进说”来研究宁绍平原人类繁衍生息的历史变迁，认为距今 7000—5000 年的河姆渡文化是更新世越族在宁绍平原繁衍生息的晚期文化。河姆渡遗址位于余姚市河姆渡镇（时为罗江公社）河姆渡村的东北，因 1973 年罗江公社为提高排涝能力扩建旧排涝站，而为世人发现。遗址总面积达 4 万平方米，种种带有原创性意义丰富而精彩的文明物证，表明人类逐渐开始从野蛮进化到文明的新的历史阶段，成为长江文明也是中国文明另一源头的典型例证。河姆渡人人工饲养的水牛，精巧的木桨、陶舟，施岙遗址古稻田等诸多与水利文化密切相关的遗存，让人们猜想水利激发着先民的想象力与创造力。毫无疑问，湿地稻作农业经济和农业生产技术，催生和促进了这一地区的社会复杂化和文明化进程，并对这一地区独特的观念意识形态和原始宗教信仰的形成产生了重要影响。在宁波地区，与河姆渡遗址第四文化层相近稍晚的，有余姚田螺山、慈溪童家岙，与第三层相近的有余姚鲻山、鄞州董家跳，与第二层相近的有江北慈湖等 18 处，与第一层相近的有 24 处。

海洋曙光

中华第一井

河姆渡遗址的木构水井

日出而作，日入而息，
凿井而饮，耕田而食，
帝力于我何有哉！

——〔晋〕皇甫谧《帝王世纪》载《击壤歌》

河姆渡遗址

木构水井

《击壤歌》传说是唐尧时人所作，这首远古先民咏赞美好生活的歌谣，吟唱了原始幸福的自由安闲和自给自足的简单快乐。太阳出来起来劳动，太阳下山休息养生，打一口井用以饮水，整理田地种出五谷。“井”是田园生活中一首生动而灵动的诗，在《吕氏春秋》《淮南子》等中都有“伯益作井”的记载，说明水井发明由来久远。而在河姆渡遗址，发现了一口距今已有5600余年历史的木构水井。这是迄今为止发现的中国最早的一口水井，比之传说更为久远。水井位于一个浅圆形的坑里，井深1.35米，井口为方形，边长约2米。在井的内部，先民在四壁共竖立几十根木质排桩。这些排桩之间用了一整套的榫卯结构，使所有排桩套接起来，形成一个坚固的整体，防止排桩向井内侧倾倒。排桩的上端平放着长圆木或半圆木，构成了方形井口的构架。甲骨文的

“井”字就像一个方口的水井。人们推想在当时因先民的生活区域地平面可能要比水平面低，在洪水和高潮位时期，地表水会因洪水冲刷和海水入侵而受到污染,无法饮用。而区域地下水位很高，地下淡水蓄积丰富，在泉眼出露的地方或其他合适地点，可打井取用地下淡水，健康生活的需要促成了水井的开凿。在井内，人们还发现有平面略呈辐射状的小长圆木，还有一些苇席的残片。经过专家研究，推断古人原来还在这口古井上盖了一座井亭，以使水井避免受到风沙、雨水等外来污染。

海洋曙光

最古老的稻田

阡陌交通的施岙遗址

畤粪桑麻，播种五谷，必以手足。大越海滨之民，独以鸟田，大小有差，进退有行，莫将自使，其故何也？

——《越绝书》卷八《越绝外传记地传》

施岙古稻田遗址

稻是人类重要的粮食作物之一，耕种与食用的历史都相当悠久。稻的栽培起源于中国，水稻在中国广为栽种后，逐渐向西传播到印度，中世纪引入欧洲南部，目前全世界有一半的人口食用稻米。昔日田螺山遗址、河姆渡遗址也有发现水田和田埂，但是没有进一步发掘。2020 年 9 月，考古人员在余姚市三七市镇，毗邻田螺山遗址的施岙自然村西侧发掘出古水田，重现数千年前“阡陌交通”的画面。经过钻探确认，此区域古水田分布范围约 8 万平方米。可以说施岙遗址是目前世界上发现的面积最大、年代最早、证据最充分的古稻田，这为我们想象越地先民水稻种植提供了新的角度。

施岙遗址是历经河姆渡文化和良渚文化的古稻田遗址。从已经发掘的剖面可以看到，遗址上具有明显的三层叠压关系的稻田，它们分别属于河姆渡文化早期、河姆渡文化晚期和良渚文化时期的田块形态和稻田结构，年代距今约 6700 年—4500 年。漫长的持续年代，说明这一带很适合水稻耕种。

最下面一层稻田属于河姆渡文化早期，为公元前 4800—前 4500 年。稻田堆积整体比较平整，总体西高东低，表面略有起伏，其中发现一段宽约 2.2 米的田埂。

第二层稻田属于河姆渡文化晚期，为公元前 3700—前 3300 年。发现了 12 条田埂，田埂有南北和东西两种走向的区分。南北向田埂分布在两侧靠山区域，一般宽 1—3 米。东西向田埂基本纵贯东西，两端与南北向田埂交汇，一般宽 0.3—1 米，田埂之间间距 16—41 米。西区与东区稻田中

施岙古稻田遗址

各有一条总体呈南北走向的河道。东、西区稻田边缘堆积与西区河道堆积中出土了少量陶片、石块、植物种子等，出土陶片中有绳纹陶釜口沿、豆柄、鼎足等器形。

最上面一层稻田属于良渚文化时期，为公元前3300—前2600年。发现了由纵横交错的凸起田埂组成的“井”字形结构，以及由河道、水渠和田埂中的灌排水口组成的灌溉系统。田埂多达22条，宽1—4米，间距15—40米。靠近西侧山脚，发现一条南北向的古河道。稻田西部边缘有少量水沟，应为稻田的沟渠。绝大多数田埂由稻田土堆成，个别田埂由黄土铺设。发掘出来的稻田中，有7块田较为明确，最小的面积约230平方米，最大的面积约1750平方米。西区稻田边缘和古河道中出土了少量陶鼎口沿、鱼鳍形鼎足、平底罐底及石刀、斧、锛等。编号为12号路东端出土了一条用作田埂中垫木的残独木舟，船头、船尾均残缺，残长5.6米，最宽0.8米，厚3厘米左右。这是继萧山跨湖桥、余杭茅山遗址独木舟之后，浙江发现的第三艘史前独木舟。

施岙遗址的发现表明，水利是稻作文化的基本保障，稻作与水利互为表里，水利为人工栽培水稻营造了一个类似于沼泽地区的水利环境，模仿和再现了野生稻生长、发育、结重穗所需的自然条件。人工堤埂的兴筑与水系的开凿，保证了水田的水位，创造了原始的引水和排水沟洫。水利建设又与骨耜为代表的生产工具相配套、相适应，创造了史前繁荣的稻作农业。稻作农业是河姆渡文化到良渚文化社会发展的重要经济支撑，深刻影响着长江下游地区史前社会发展和文明进程。

三、向海而生

百越，是古代中国南方沿海一带越人的总称。据《汉书·地理志》臣瓒注记载，百越的分布“自交趾至会稽七八千里，百越杂处，各有种姓”。百越有很多部落，居住在浙东滨海地区的古宁波的，属百越中的於越，属于百越海洋文化的核心区域，是百越中最为人瞩目、最富有创造力的一支。古越族为习水民族，善制舟楫，巧于驭舟，精于剑，熟水性，善使舟及水战，首创水师，富于航海经验而著称于世。东海、南海航路的打通与百越族的制舟行水文化是不可分割的。越人断发文身，以避水中蛟龙之害，具有近水而居的独特生活风尚。鄞州出土的羽人竞渡纹铜钺则是现今中国发现最早具有“龙舟竞渡”图形的文物。鸟与越文化的关系依然密切，《越绝书》卷八《越绝外传记地传第十》：“大越海滨之民，独以鸟田，小大有差，进退有行。”“鸟田”应是受到滨海低平沼泽之地河潮有规律影响的河谷泥沙田。鸟田农业是古越族农业文化中一项很有特色的内容，先民承接行人栽培稻技术，发展出借助自然候鸟之力而不需要人工松土劳作的种植业，符合海侵后於越生活区的自然地理特征。

海洋曙光

龙舟跃海

羽人竞渡纹铜钺

吾观竞舟子，因测大竞源。
天地昔将竞，蓬勃昼夜昏。
龙蛇相喷薄，海岱俱崩奔。
群动皆搅挠，化作流浑浑。

——〔唐〕元稹《竞渡》

羽人竞渡纹铜钺

龙舟竞渡

宁波博物馆有一件镇馆之宝，即国家一级文物羽人竞渡纹铜钺，它为上述诗人描写的古代龙舟竞渡的热烈场面，提供了直观形象的远古证明，它比诗人元稹描绘的场景要早上千年。

羽人竞渡纹铜钺，1976 年在鄞县（今鄞州区）云龙镇甲村石秃山出土。铜钺呈“凤”字形，金黄色，高 9.8 厘米，刃宽 12.1 厘米，锋利如新。钺身一面素面无纹，另一面雕有一边框。框内上方为龙纹，双龙昂首相向，前肢弯曲，尾向内卷；下部以弧形边框线为舟，上坐四人成一排，四人皆头戴高高的羽毛冠，双手持桨作奋力划船状，羽冠的羽毛似乎迎风飘扬。太平洋西海岸用羽毛作装饰的“羽人”图像出土很多，多与船、水鸟、海鱼等图像组合构图，基本出现在提筒、鼓、钺等典型的越人铜礼乐器上。而这种头饰羽冠的“羽人”图像应源于江浙地区，是越文化系统的产物，反映了源自河姆渡文化时期的百越族“鸟神”崇拜，春秋战国时期随着越人迁徙而逐步向华南乃至东南亚流传开来。云龙甲村的铜钺是迄今为止最早的羽人竞渡纹，表明浙东在越文化流播过程中的源头地位。

钺是由新石器时代的带柄穿孔石斧加大刃部演变而来的，加大刃部后更便于砍伐。最初玉石材质的钺写作“戉”，后来金属材质的才写作“钺”。这种

龙舟竞渡

器物逐步由砍伐实用功能变成象征握有生杀大权的王权。它往往作为军事的令牌、王者的权杖来使用。这件羽人竞渡纹铜钺，体积很小，不可能是作战实用武器，也没有实用痕迹，应该是代表王权、王法的器物。越国的“越”，古字也写作“戉”。1973年湖北江陵出土的越王剑，剑体近剑格处有两行错金鸟篆铭文：“戉（越）王州（朱）句/自乍（作）用佥（剑）”，意为越国国王朱句自己制作、使用的剑。春秋时的“戉王钟”“戉王矛”“戉王戈”均未写作“越”而是写作“戉”。

越人地处水乡泽国，出行多驾舟，以舟代车。《吕氏春秋·贵因》载：“如秦者立而至，有车也。适越者坐而至，有舟也。”这件铜钺比较集中地反映了越文化的内涵，说明龙舟竞渡之习俗早已盛行于吴越之地，反映了宁波先民龙腾虎跃、劈波斩浪的奋发进取精神，堪称古越族水文化的标志。

海洋曙光

古港初形

句章城的兴衰

句践之地，南至句余，其后并吴，因大城句，章（彰）伯（霸）功以示子孙，故曰句章。

——《后汉书·臧洪传》注引《十三州志》

句章港

句章港

公元前 472 年，越王句践为彰显霸业，加强对东部区域的管理，建造出海的军事港口，命名为“句章”。这是宁波作为港口城市的最早形态。据宁波市文物考古研究所的考证，句章古城位于江北区慈城镇的王家坝村一带。这里的考古遗存包括具有城市基本功能的生活区、商业区、墓葬区等，其间有富于典型春秋战国时代特征的印纹硬陶罐、原始青瓷罐、泥质黑皮陶罐、豆、瓮、盆等生活用具出土。有些器物等级、规格较高，证明这座城市在当时越国的地位。同时此地还有一座干栏式木构建筑遗址，沿袭河姆渡文化干栏式木构建筑风格，适合江南水乡气候，又有新的发展。从建筑上部倒塌堆积情况看，当时的屋顶应铺有一层茅草，茅草之上另覆以板瓦和筒瓦，从形制上推测为一座官宅类建筑。

有人认为句章是春秋战国时五大港口之一，是越国发达的航运体系中重要一环，另外四个为碣石（今河北秦皇岛）、转附（今山东烟台）、琅邪（今山东胶南）、会稽（今浙江绍兴）。这五个港口之中，有三个都与越国相关，其中声名最为显赫的是琅邪港。也有人认为句章为春秋战国时九大港口之一，另外还包括番禺（今广东广州）等港。但句章港规模并不会很大，如以当时会稽郡 20 万人口计，那么县城一级人口估计是几千人。但可以肯定的是，句章是越国发达的航运体系中重要一环。句章距离越国统治中心会稽不过百余里之路，

城山渡（句章港）说明牌

利用水路航行，沟通会稽成为必然选择。后人推测，这是浙东地区较早的运河。

句章城最早见诸史书，为《史记·东越列传》，记汉武帝元鼎六年（前111），“天子遣横海将军韩说出句章，浮海从东方往（击东越）”。据《宋书》记载，晋安帝隆安四年（400），孙恩农民起义军围攻句章县城，最终城池被攻破，这座宁波历史上最早的繁荣约八百年的城市毁于一旦。在南宋时，这个城市已经彻底废弃了，只剩残垣断壁可以辨认。宋《宝庆四明志》记：“古句章县，在今（慈溪）县南十五里，面江为邑，城基尚存。故老相传曰城山，旁有城山渡。”

丰年满路笑歌声，蚕麦俱收谷价平。
村步有船衔尾泊，江桥无柱架空横。
海东估客初登岸，云北山僧远入城。
风物可人吾欲住，担头莼菜正堪烹。

——〔南宋〕陆游《明州》

海定波宁

秦汉之际，宁绍平原属于人口稀少、生产技术落后、开发程度较低的边远贫困地区。土地开发和利用没有发生根本性变化，农业生产依然保持着稻作渔猎的生产方式，地理环境保持着比较原始的生态状况。《史记》记载“江南卑湿，丈夫早夭”，“饭稻羹鱼，或火耕而水耨”，农业经济远远落后于黄河中下游地区。东汉时期，区域面貌开始有所改变。东汉永建四年（129），吴郡和会稽郡实行分治，标志着宁绍地区经济走向恢复。永和五年（140），利用“山—原—海”台阶地形创建的著名水利工程鉴湖诞生，包括初步的海塘建筑和河湖网整治等，宁绍平原从自然水系走上人工河网水系开掘的阶段。

宁波水利史上最早被记录的筑湖围堤应当是汉代修浚翠屏山北的杜湖与白洋湖。此外，还修筑了花屿、鸡鸣等多个湖泊，光绪《慈溪县志》有“汉故有花屿、鸡鸣诸湖”之说。其他的水利工程如有渠、陂兴建。《汉书·地理志》记载“句章，渠水东入海”，说明汉代时，句章城山渡一带可能修有水渠，既为灌溉沿岸农田，也利漕运。鄮、鄞之地，也有陂池兴建。如西汉末年，南昌县尉梅福弃官隐居鄮县，“率民众筑塘，堵潮”，为后人所敬仰，立庙祭祀，现鄞州梅墟，即以其姓命名。但总体而言，当时宁波地区的水利建设还滞留在自然水系阶段。

两晋“永嘉之乱”以后二百年间，中国历史上第一次人口由北而南大迁移。宁绍地区吸引了大量北方侨民，东晋时期著名的王（羲之）、谢（安）为代表的名门望族也选择这里为栖身之所。因为当时宁绍地区平原不广，“土境褊狭，民多田少”，北方移民或开垦山地，或浚湖围田，或拓垦海涂。宁波平原得到较好的开发，此时主要表现为围湖围海的过程。海塘和湖堤系统的建设促进了农田系统的发展。

到南北朝时期，宁波先民依据山海相望的自然地理，从沿山地带较高燥的“台地”筑湖围堤、兴建陂塘，逐步走向平原，利用平原上的丘阜建立聚落拓展。刘宋元嘉年间（424—453），谢凤担任鄞县县令，在奉化县东二里建方胜碶，以蓄水灌溉，每年“溉田五千余顷”（嘉靖《奉化县图志》），这是四明地区南朝时期最为重要的水利工程之一。湖泊能够在山洪海潮来临时提供储水空间，在干旱时提供灌溉用水。在走向平原的过程中，人们初步构建起适应当时人口需求的以湖泊水利为主导的水利格局。在汉唐之间，宁波平原大致有 8 个海迹湖泊，分别为月湖和日湖、马湖、槎湖、雁湖、小江湖、东钱湖（西湖）、广德湖（莺脰湖）等环列，以广德湖为最广。广德湖在汉晋已有记载，晋代陆云《答车茂安书》称鄮县“西有大湖，广纵千顷”。众多的河流和湖泊为宁波平原的发展提供了基础水文条件。处理频发的山洪和海潮侵害，将丰富的水资源为民所用，是平原实现发展的关键所在。湖、塘、陂、堨、河渠、石门堰闸的建设，开辟出无数稻田、湖田、陆地田园，并成良业。总体到六朝时，水利工程分布呈点状式，宁波的水利格局显现雏形。流寓会稽郡的移民带来了牛耕方法，以耜刃宽大的直辕犁、蔚犁进行深耕，同时传入二牛三人操作的耦耕技术，“火耕水耨”由此退出主要的生产方式舞台。

宁波平原的水利建设真正兴起在唐代。因为被三江分割成不同板块，各个平原需要分设不同的水源系统，故而形成分散式湖泊水利格局。平原东部的东钱湖兴修始于唐天宝三载（744），后经不断开拓、疏浚，到宋天禧元年（1017）已从开辟之时的溉田 5 万亩增加到了溉田 50 万亩。而平原西部的广德湖水利工程修治于唐大历八年（773），到宋熙宁元年（1068），其溉田也从最初的4万亩增长到20万亩。两湖依靠山脉，吸收来自山地的汇水，并利用台阶状格局向海拔较低的农田区域进行灌溉。此外，人们还利用堰、坝等设施，实现蓄淡拒咸的功能。唐太和七年（833），鄮县县令王元暐兴修的著名水利工程它山堰便属于这一类。它山堰与广德湖一起，成为唐宋时期宁波平原西部的主要水源。

人们以三江口州治为中枢，疏治和兴修多条塘河，沟通水源与自然水体，并承载起生活生产用水、防御水患、交通运输等多种功能。在人工湖泊与堰坝导引下，整个宁波平原逐渐勾连成完善的河网水系，取代了原有的汪洋沼泽。原有的自然荒地逐渐被农田和城市、聚落所取代，人—地—水的关系形成相对均衡的状态。可以说，排水造田发展了城市，是促使宁波从越州分离出来建立州治的重要原因。唐代中叶的安史之乱、两宋之交的靖康之变，中原人口发生两次大南迁，尤其是南宋乾道以后，进入了人口增长的黄金时期。宁波平原人口不断集聚，新的聚落不断产生，农田开垦和地区开发走向深入。政府以其经济实力与组织动员能力，在治水工程中发挥了主体作用。其中南宋宝祐、开庆年间，元延祐、至正年间是为高峰期；工程以鄞县为最多，镇海、奉化、慈溪次之。著名的治水贤臣如南宋乾道年间（1165—1173）张津、宝祐开庆年间（1253—1259）吴潜，以及元至正年间（1341—1368）王元恭等。以鄞县为例，南宋宝庆年间（1225—1227），有耕地746顷29亩，到明洪武年间（1368—1398）纳入田赋的为10928顷211亩，说明耕地开发速度极为迅猛。水利也创造了宁波连年高产的良好环境，北宋政和年间（1111—1118）明州曾出现亩产稻谷 6—7 石的高产纪录，远远超过四川及长江下游高产地区 2—3 石的水平。

但人口增长也打破了人—地—水的平衡，为获取大量高质量的新土地，大规模围垦侵占湖泊的行为不断发生。百姓和豪强世族私下盗湖，湖滨的豪强大族成为主力。广德湖等大量湖泊被围垦以后，湖泊水利工程主导下的平原水系从宋代开始发生变化，水利重点转向了河网水系的完善。在河网水利控制系统中，碶闸堰坝建设成为重心。碶闸多用于入海、入江口，以蓄淡拒咸，而堰坝多用于引水或过船。与干燥的北方相比，以它山堰 - 南塘河水系为例，宁波的人工水道（塘河），不在于竭力开掘、汇集水源，而在于理顺、调配自然水系，水道以渠化天然河道为主，大规模开凿较少，渠化以堰坝、碶闸等建筑为主，对水文、地理原貌改造幅度和程度较小。纵观唐宋以来千年，宁波人以积极主动的姿态，不断维护与完善“三江六塘河”整体河网治理，创造了丰厚的物质成果，构建了与濒海潮汐河流相关的独特的人水和谐、“海定波宁”生态样式。

日本学者斯波义信把这种海边平原水利开发的过程称为“甬江模式”，即自然江河（余姚江、奉化江、甬江、鄞江），与一条或多条人工塘河及湖泊与之相配，以此巧妙解决咸潮对土地碱渍，以及潮汐、水位对航运的影响，最终形成了灌溉蓄泄、通航水运一体发展的河网格局。这一水利工程规模不大，费工较少，但作用巨大，可阻挡江潮，护卫河流，控制涝旱，改善地下水环境，这成为衍发宁波平原城市文明的基奠性工程。

随着人口的不断增多，为解决人地矛盾，天台、四明山区逐渐被开发起来，到明清时期形成高潮，梯田从浅山区推进到深山区。梯田建设与水利事业相互促进。从奉化大堰、余姚横坎头等名字，可以了解到堰、坎类水利设施的兴修与山区村镇繁荣的关系。其中以修建于明洪武七年（1374）的宁海岔路镇竺家洪碶、明正德三年（1508）的宁海前童杨柳洪碶最为著名。

一、湖海初治

秦统一后，宁波境内人口稀少，宁波平原之上汪洋沼泽遍布，人们多居沿山地带。最初设立的句章、鄞、鄮三县，城邑遗址均位于四明山、天台山脉山麓谷口地带。这一时代水利以句章“渠水”等为代表，围绕山麓地带为主。翠屏山山体较小，山谷集雨面积有限，谷口筑塘规模较小，形成湖泊蓄洪补枯。环湖地带物产富饶，成为宁波平原当时生存环境最好的区域之一。尤其是山麓北面，因围塘使潟湖与海洋脱离，诸如杜湖、白洋湖等湖泊一直是沿山地带百姓生活生产用水所依，大多保存至今。四明山东麓鄞西横街一带山水秀丽，历来被称为“桃源”。桃源溪发源于四明山东麓大雷武陵山下，潺湲而下，是广德湖的重要水源。汉晋至唐，以广德湖治理为重心，宁波先民向平原不断迈进，海濡之地初显变涂泥为沃土的欣欣向荣的景象，成为当时宁波人口最为集中的区域之一。

海定波宁

人间第一重天

慈溪杜湖

乘兴绕湖畔，层峰数里中。
天凭山际尽，霞落水间红。
蓊郁青松隐，盘回幽径通。
荒亭暂憩憩，我忆杜公风。

——〔明〕沈潜《杜湖山行》

杜湖

杜湖

杜湖位于上林湖东面，古称杜若湖。湖域面积为 3700 余亩（合约 2.47 平方千米），一条平湖高坝将其分成里、外杜湖。杜湖两侧青山夹峙，苍松翠柏，竹篁摇曳，中涵绿水，岚影波光，风姿绰约。据清代王相能重辑《杜白二湖全书》中劳勘《鸣鹤杜白二官湖纪事序》记："汉时始作杜湖、白洋湖，东、西、南距山，北通故塘，注近乡诸山水以溉田，时其钟泄，于是兹乡为沃野，无凶年。"唐刺史任侗重加浚筑杜湖，鸣鹤一乡之田仰其灌溉，百姓称颂为"第二重天"。宋庆元年间（1195—1200），慈溪县主簿周常重新修浚，于湖中筑石堤，并修建东门、张郎、西碶、白洋诸闸，潴水入湖以备旱，修建松浦、淹浦、洋浦诸闸，泄水入海以防涝。明清以后，屡加修浚。以明隆庆年间（1567—1572）知县吴道迩、万历三十三年（1605）县人潘汝祯、清嘉庆年间（1796—

杜湖

杜湖

1820）叶天麟等修建为最。光绪三十一年（1905）旅日华侨吴锦堂捐资7万余银元修葺杜、白二湖湖堤和湖闸，以及增设减水坝，并聘请日本专家对杜、白二湖湖面进行实地测绘，测得湖面积为7006.66亩（合约4.67平方千米）。宣统元年（1909）春，在沿外杜湖湖塘开掘运河一条，以使塘外之田的水流永有接济，以绝私穴塘洞之弊。

1949年前，杜湖虽已建有东、中、西门闸，西碶闸和减水坝各1座，但由于工程均因年久失修，湖闸渗漏，湖堤沉陷，千疮百孔，蓄水量少。1949年后，杜湖多次得到大修。1969年，杜湖的里湖被改建为杜湖水库，外湖面积存3.3平方千米，总库容800万立方米，其中正库容600万立方米，与里杜湖水库、白洋湖统一运行，灌田16.1万亩。

吴锦堂墓

海定波宁

一湖功业续千秋

诗意白洋湖

湖雨霁将夕，湖气来远清。
携俦赴真赏，浩然湖上行。
空水了无翳，天色浮之莹。
一碧曳山远，薄岚含渐冥。
风漪泛萍叶，云沂娴鸡鹄。
蘧蘧众妙集，暧暧群爽并。

——〔清〕姚燮《游白湖》

白洋湖

白洋湖

烟波浩瀚的白洋湖像一块镶嵌在群山间的玉镜。环湖重峦叠嶂，绿林萦绕，满目青葱；湖水澄碧，波光潋滟，水鸟翔集。每到“夏至杨梅满山红”时，白洋湖上常千舟竞发。这一美丽的湖泊古称“伯阳湖”，位于慈溪镇鸣鹤古镇西南部，也是汉代以后由潟湖浚筑而成，面积约 1700 亩，具有灌溉、防洪等功能。唐景龙（707—710）中，余姚县令张辟疆修筑白洋湖，并使之与杜湖相连。相传此次修筑，起于唐中宗李显夜梦姚北浅滩白龙被困，下令修建。贞元六年（790），刺史任侗重浚。明隆庆年间（1567—1572），知县吴道迩重清。清嘉庆年间（1796—1820），叶天麟出资将旧湖塘尽易以石。光绪三十一年（1905），旅日爱国华侨吴锦堂浚修湖塘、湖闸及增设减水坝。

明清时期，白洋湖曾有“白湖十景”。白洋

白洋湖

湖之美，一度曾是当地文人雅士唱和的主题，其中尤以白洋湖旁鸣鹤古镇上叶氏文人的吟咏最多。为纪念民国先贤吴锦堂先生对修缮白洋湖作出的贡献，他的墓园就建在白洋湖畔，成了当地一景。

海定波宁

舟之通越皆由此

曾经的广德湖

西南诸乡之田，所恃者广德一湖。湖环百里，周以堤塘，置榆柳以为固，四面为斗门碶闸。

——〔宋〕王庭秀《水利说》

广德湖遗迹·织湖桥

广德湖遗迹·十三洞桥

广德湖虽然浩渺壮观，可远在900多年前，已在鄞西的大地上消失了。蒋学镛《鄞志稿》卷二十《水利考》（《四明丛书》本）中谈道："西乡河渠，经纬错综，其源约有四，一源出大雷诸山，下流四达……大雷之源，较二支为盛，然亦出于近山之溪，兼旬无雨则溪流绝，而河亦为之立涸。"所以，广德湖对当地的蓄水功能显而易见。广德湖初治于南北朝，《宋书》记载，南朝刘宋会稽太守孔灵符徙无资之家于余姚、鄞、鄮三县界"垦起湖田""并成良业"。大约在南朝梁大宝元年（550），鄞西这个未名湖泊初建人工围堤，因湖面形如小口大腹状的酒器，所以名之为"罂脰湖"，又似莺之颈项，故称"莺脰湖"。[①]唐大历八年（773），鄞县县令储仙舟对此湖进行整治

① "罂脰湖"可见之于王应麟《辨西湖》，"莺（鸎）脰湖"可见之于曾巩《广德湖记》。

广德湖遗迹·湖泊河

开挖，百姓感念此湖广大惠德于民，于是改名为"广德湖"。唐贞元元年（785），刺史任侗再次治理扩挖，使广德湖得以"治而大之"。大中元年（847），有湖边百姓要求废湖为田，御史李后素实地考察，权衡利弊，认为湖不能废，由官方刻石立碑。到北宋建隆元年（960），明州节度使钱亿集民万人又一次浚修，使广德湖成为一项给鄞西带来了"骄阳砾石无旱涝之患"的水利工程。此外，"自大雷经广德湖入于西门，潴为二湖（指城内日湖、月湖）"，广德湖在确保鄞西地区无凶年的同时，还惠及明州（今宁波）城内百姓。

自宋代以来，广德湖屡屡发生盗湖为田事件，并从民请废湖为田，政府禁之，转向政府官方垦废湖泊。天禧二年（1018），明州知州李夷庚确定广德湖湖界，筑堤十八里以限之。但广德湖的"保废之争"并未彻底罢休。天圣、景祐年间（1023—

广德湖桥额

1038)，又有百姓“相率请湖为田，州从事张大案行有止之”。庆历七年(1047)，著名政治家王安石知鄞时踏勘过广德湖，宿于广德湖的主水源入口的林村。熙宁元年(1068)，县令张峋筑环湖堤，长 9134 丈，底宽 1.8 丈，高 8 尺，建碶闸 9 座，筑埭坝 20 座，湖面达 2000 顷，湖中的二岛上建庙立祠。政和七年(1117)，原本应以馆阁身份去知隋州的明州人楼异，借面辞宋徽宗之机，“献言明之广德湖可为田，以其岁入，储以待(高)丽人往来之用有余。且欲造画舫百柁，专备丽使，作涉海二巨航……”宋徽宗依从楼异所奏，将楼异改任明州知州，命其督办此事。政和八年(1118)，广德湖废失，得到农田800顷，岁入租米仅2万石，用来支助出使高丽与建造海船的费用。广德湖被废后，湖水尽泄，自是年年有水旱之患。废湖仅三年就“下流堙塞，有妨灌溉，致失陷常赋”(《宋会要辑稿》食货六十一)。“(鄞)西七乡之田无岁不旱，异时膏腴，今为下地”(《宝庆四明志》载王庭秀《水利说》)。清代诗人万斯同痛批：“湖开鹦(莺)脰匹东钱，谁把长陂决作田。却恨宣和楼太守，屡教西土失丰年。”

海定波宁

一堤隔河湖
千年清垫夹塘

野水平桥外，烟光乱鸟啼。
回塘相对语，只是隔东西。

——〔明〕胡一桂《儿寓西邻华氏先君寓华之西陆氏中限一水时复缘涯而语》

清垫夹塘上庆丰桥

清垫夹塘

清垫夹塘位于海曙区集士港镇万众村青垫自然村[1]，建成于唐宋时期，为广德湖水利配套设施之一。清垫夹塘是当时广德湖与外河的分割堤，由泥土夯筑而成，湖水可入河流并灌溉农田。现存夹塘长约 2.5 千米，宽约 2—3 米，由集士港镇一直延伸到古林镇。为了灌溉需要，广德湖四周几乎都有塘堤夹塘存在，所谓“湖比田高、田比河高、河比海高”。楼异废广德湖后，作为湖界的夹塘在千年之后的今天大多已湮没难识，仅存这一段清垫夹塘。

据说，大雷山的泉水汇合武陵山众多水源，穿过十里花径的桃源溪，经广德湖桥、彩虹桥、解放桥后流入此地，原本混浊的桃源水泥沙下沉，水质变清，清澈见底，“清垫”谐音“清底”，

清垫夹塘古桥

① “清垫夹塘”“青垫村”是约定俗成的写法，咸丰《鄞县志》卷三有“青垫”。

清垫夹塘一带的水畔民居

清垫由此得名。古时清垫为广德湖南岸的交通要道，商旅繁忙，来往过客不绝。夹塘的不少石板上还清楚地保留了纤道的印记。夹塘旁有一座望春亭，亭中有一块立于清同治十三年（1874）的“永远茶碑”，碑记详细记载了当地人捐资免费施茶的善举。2010 年，清垫夹塘及古桥被公布为鄞州区文物保护单位；后因行政区划调整，于 2018 年被公布为海曙区文物保护单位。

二、江河并流

宁波平原水系一般通海称“江”，江为咸水。如余姚江，主要支流如湖塘江、中江、东江、慈江等；奉化江，其支流如剡江、县江、东江、鄞江等；以及甬江、小浃江。通江称“河”，河与江有碶闸、堰塘相阻隔，为淡水。宁波周边有高塘、永丰塘、和义塘、段塘、长春塘等江塘。江河上游为“溪”，如剡溪、樟溪、武陵溪、大隐溪、汶溪等。江河并流是宁波平原改造为人水和谐的江南沃地的智慧构建，也成就了宁波平原现今的区域地貌。其最为典型的为它山堰－南塘河水系与奉化江的并流，西塘河与余姚江的并流，以及中大河、前大河与甬江的并流，等等。塘河之间，又有纵横交错的河道相沟通，由于境内湖泊多为浅水湖，不易蓄水，又距海较近，易受海潮侵扰，后又多被废失，故江河并流成为宁波平原治水的重心。如雍正《宁波府志》指出：“宁郡环海绕江，势处洼下，全赖河渠以为蓄泄。”

阻咸蓄淡

泽润千年的它山堰—南塘河水系

官为唐令尹，心切禹蒸民。
叠石流川水，分波及稼云。
万涛惊不夜，千古见如新。
更有朝宗脉，声容匪独鄞。

——〔宋〕薛叔振《它山堰》

它山堰

它山堰

它山堰位于海曙区鄞江镇它山堰村，是东南沿海造堰建碶改造咸碱湿地成就最突出的水利工程之一。2015 年 10 月，在法国蒙彼利埃召开的国际灌排委员会第 66 届国际执行理事会全体会议上，它山堰成功入选世界灌溉工程遗产名录。山东琅邪人王元暐是这一千年工程的创造者，唐太和七年（833）担任鄮县县令，它山堰是他上任第一年所筑。现在的它山堰全长 134.4 米，实测堰顶黄海标高约 3.36 米，面宽 4.8 米。堰面全部用条石砌筑而成，有 35 块步道石，36 级消能石阶，105 块挡水石板，152 块过水条石。相传堰身为木石结构，有逾抱大梅木枕卧堰中，历经千余年而不腐，被称为“它山堰梅梁”。

它山堰为拦河堰，为有坝引水，而与其相并称的水利工程都江堰、郑国渠等为无坝引水。它山堰周边还有回沙闸、官池塘和洪水湾塘等配套

官池塘光溪桥

工程，组成具有蓄水、溢洪、引水灌溉、冲沙、通航等功能的综合性渠道水利枢纽。历代先贤的智慧使这一水利枢纽建设逐渐走向完善。宋知府陈垲于淳祐二年（1242），在它山堰引水河渠上距堰约 150 米处，建立一座三孔回沙闸，至今尚存四根石柱。回沙闸的作用是挡住樟溪沙石。早在唐代时，上游植被良好，来沙不多，开淘容易。宋代时来沙增多，多的时候，山洪过后，堰上沙没殆尽。建回沙闸后，只需在闸外淤积处清理，而无须在长达数里的内港清淤，节省了人力与财力。官池塘俗称“官池墩”，于明嘉靖三年（1524），建于光溪河上，与它山堰相距约 1000 米，全长 120 余米，面宽 5 米，其主要作用是抬高官塘上游水位，以提高它山堰在洪水时的排洪能力，同时也阻止泥沙入港，以免淤塞南塘河、小溪港，再者将主流迫向左岸，以利于小溪港引水。洪水

风堋碶

洪水湾塘

湾塘位于鄞江镇东首，是阻隔江河的控制性工程，主要是在洪水时期再次分流光溪河的洪水进入鄞江。南宋宝祐四年（1256）春，沿海制置使吴潜建洪水湾塘。为阻隔江河，吴潜还修砌长10余千米的堤塘，世称“吴公塘”。

王元暐依据南塘河与鄞江的自然关系，在两水之间建立乌金碶、积渎碶、行春碶三座碶闸，以启闭潴泄。相传王元暐从上游随流放下三只木鹅，在木鹅自动停下的地方，定作造碶的位置。这三座碶闸中最有名的为行春碶，距它山堰18千米左右，又称“南石碶”，简称“石碶”，即今石碶镇的名称来由。宋代修建有风堋碶和唐家堰，明代修建有沈公塘，清代修建有狗颈碶，以及兰浦碶、章家碶和杨睦坝等修建年代不可考的碶闸堰坝。至明末清初，配套工程增至9坝5堰13塘，形成了一个完整的水利工程，实现樟溪水平时七

狗颈塘

保丰碶

分入南塘河、三分入鄞江，涝时三分入南塘河、七分入鄞江的目的。

由此，一道它山堰，激活了整个鄞西平原的水流。樟溪之四明山清泉一路入南塘河，经洞桥、横涨、北渡、栎社、石碶、段塘，经南城甬水门，注入日、月二湖，又经过支渠脉络，供应城市之需；一路北入小溪港至梅园、蜃蛟、茂新等村。两路水经支脉分流，贯通鄞西平原诸港，灌溉七乡农田数千顷。宋代鄞江人魏岘《四明它山水利备览》，系统记录了这一水利的治理技术，该书与宋代单锷的《吴中水利书》等是中国最早的农田水利专著。“支港入溪，则七乡水道襟喉之地，因遂堰焉。由是溪江中分，咸卤不至，清甘之流，输贯诸港。入城市，绕村落，七乡之田，皆赖灌溉。”

月湖是它山堰－南塘河水系的渠尾工程。月湖旧称“西湖”，约在唐太宗贞观十年（636），

月湖

鄮县县令王君照第一次修湖，舒亶《西湖引水记》说："鄞县南二里，有小湖，唐贞观中，令王君照修也。盖今里俗所谓细湖头者，乃其故处焉。湖废久矣，独其西隅尚存，今所谓西湖是也。"它山堰－南塘河水系贯通后，为月湖引来源头活水，《宝庆四明志》记述月湖"其纵三百五十丈，其横四十丈，周围七百三十丈有奇"，城中"日、月二湖皆源于四明山，一自它山堰，经仲夏堰，入于南门，一自大雷，经广德湖，于入西门，潴为二湖"。唐末，刺史黄晟发动民夫修筑罗城，月湖成为城内水库。五代时，吴越国王钱镠的孙子钱亿于后汉乾祐二年（949）任明州郡守。吴越臣服于宋后，钱亿被封为奉国军节度使，仍驻明州。他驻节明州十余年间，曾对月湖作较大规模疏浚，确定了月湖的基本形貌。

南宋宝祐四年（1256），吴潜以观文殿大学

澄浪堰

士知庆元府兼沿海制置使。吴潜，原籍宣州宁国（今安徽宁国西南），出生于湖州德清新市镇，宁宗嘉定十年（1217）举进士第一。吴潜修浚城中水利，建成以月湖为核心的城市水网系统，水城宁波“沟洫脉连”，“家映修渠，人酌清泚”；在月湖平桥之下，建水则亭，亭中立碑石，刻“平”字于石上；并颁布政令，规定城外所有碶闸均视“平”字的出没为启闭潴泄的标准。月湖由此成为鄞西平原水利系统的眼睛，与鄞江它山堰首尾呼应。吴潜还在府城南门奉化江西岸，重建澄浪堰，作为南塘河水排入奉化江的出口。相传有一名为郑十八郎的年轻人，以生命为代价，打下第一根堰桩，故名为“郑郎堰”，后谐音为“澄浪堰”。

北宋时，月湖建设成为郡圃。嘉祐年间（1056—1063），知州钱公辅模仿杭州治理西湖的办法对月湖展开整治，湖北端圆转成弯月的形

水则碑

长春门遗址

状，故称偃月堤，月湖可能由此得名。宋元祐至绍圣年间（1086—1098），知州刘淑、刘珵先后疏浚月湖，“增卑倍薄，环植松柳”，“其积土广为十洲”，化出美轮美奂的十洲。湖西从北至南为芙蓉洲、雪汀、烟屿，湖中从北至南为芳草洲、柳汀、花屿、松岛，湖东从北至南分别为菊花洲、月岛、竹屿。良好的园林环境创造了优越的人居条件，也成为当时的“城市客厅”。为接待高丽使节和随同人员，北宋政和七年（1117）楼异主政期间，在菊花洲建造了高丽使馆。南宋时，这里成为望族史氏等家族的聚居地，南宋贤相史浩在松岛建造“真隐馆”，又改“松岛”为“竹洲”，并邀请沈焕、杨简、袁燮等学者前来讲学。

海定波宁

最忆是荆公

千载流金东钱湖

东湖水满便堪凭，高下田禾尽望登。
最喜太平王令长，官粮不作十分征。

——〔清〕李邺嗣《鄮东竹枝词》

东钱湖小普陀

东钱湖全景

东钱湖全湖可分为三个部分：湖西以师姑山、奕大山为界，称“谷子湖”；东北以湖里为界，原称“梅湖”，已于1961年废湖造田，兴建为梅湖农场；其余湖面称为“外湖”，外湖自1976年建成湖塘边后，又分为南、北二部分。东钱湖四周七十二溪汇入其中，群山并列，峰峦竞秀，千姿百态：福泉山雄峙于东南方，月波山横亘于西北方，龙蜷山、梨花山拱卫于东北方，陶公山虎踞其北方，二灵与霞屿遥对，大慈共隐学相望。

史载唐天宝三载（744），鄮县县令陆南金将湖西北部几个山间缺口，筑堤连接起来，天然潟湖由此被改造成为人工湖泊。据清代李暾《修东钱湖议》记载，筑八塘四堰，蓄水三河半，灌溉七乡五十余万顷之田。北宋天禧中（1017—1021），明州（今宁波）知州李夷庚增筑坚固之。庆历八年（1048），鄞县县令王安石组织民众，重清湖界，疏浚水道，“起堤堰，决陂塘，为水陆之利”，把东钱湖整治得清波浩渺，若大镜悬空。自此，七乡之民，虽天气干旱而无凶年之忧。王安石后来发动“熙宁变法”，他所采用的农田水利法，基本上就是对鄞县兴修水利法的综合改进。在鄞县，他还探索青苗法、保甲法等，深入到当时社会生活的诸多方面。嘉祐年间（1056—1063），主簿吕献之又重修六堤，即后世的方家塘、高湫塘、梅湖塘、栗木塘、平水堰及钱堰塘。宁波有句俗话：“田要东乡，儿要亲生。”东乡的田年年高产，靠的就是东钱湖水。

元大德年间（1297—1307）起，有豪民盗湖围田。以后，废湖之议及侵湖行为时有发生，虽先后得到一定程度的遏制，但终因管理松弛，湖底淤淀日益严重。晚清至民国期间，在政府缺位、失职的情况下，民间力量积极承担疏浚工作，以陈劢、王世钊、张传保、蔡仁初等为代表的绅商为东钱湖的疏浚积极

高湫堰

莫枝堰

奔走。民国三十二年（1943），鄞县县政府以梅湖淤塞过甚，开垦为田，得田3000余亩。抗日战争胜利后，因乡民反对，又恢复为湖。中华人民共和国成立以后全面修理湖塘、堰坝、碶闸，清理湖界，还先后兴建了铜盆大闸、邱洪闸、界牌闸，加高湖塘，大大增加了东钱湖的蓄水量。

自古以来，东钱湖作为浙东著名风景胜地，自然风光与人文古迹相映生辉，素有“钱湖十景”：陶公钓矶、余相书楼、百步耸翠、霞屿锁岚、双虹落彩、二灵夕照、上林晓钟、芦汀宿雁、殷湾渔火、白石仙枰。此外，景区内还有南宋石窟“补陀洞天”、元代二灵塔、王安石庙（王安石纪念馆）、岳鄂王庙等70余处古迹，21处文物保护点和200余具南宋时期石雕等。东钱湖还有许多美丽传说和名人逸事，其中最出名的当属“功成身退”的范蠡的故事。相传越国复国后，范蠡携

平水堰

美人西施悄然离开，泛舟东钱湖，自号陶朱公，从此避居于此，陶公山因此得名。此外，东钱湖还是南宋望族“四明史氏家族”的发祥地。百余年间，该家族出了父子同进士、兄弟同进士、三代同宰相的盛况，当地广泛流传着“一门三宰相，四世两封王”的民谚。

在明清时期，东钱湖渔民常从镇海甬江口出而集中于沈家门，并逐渐向远海发展，捕捞东海边远岛屿的各种海产。浙江北部沿海主要的船具对船，便是鄞县东钱湖渔民发展起来的。到了近代，东钱湖渔民为了出海捕捞黄鱼、乌贼、海鳗、梭子蟹等海产，当地建造了吨位大、抗风力强的外海船只，如大对船、乌贼船等。

海定波宁

河网如织

春意常驻的三江六塘河

水是眼波横，山是眉峰聚。欲问行人去那边？眉眼盈盈处。　　才始送春归，又送君归去。若到江南赶上春，千万和春住！

——〔北宋〕王观《卜算子·送鲍浩然之浙东》

后塘河

南塘河

在北宋诗人王观的眼中，浙东是“眉眼盈盈”春景常在的地方。而江南人水和谐美好景象，自然离不开水利。经过千年的经营，历史上宁波形成了“三江六塘河，一湖居城中”特有的江南水乡城市格局。“三江”即余姚江、奉化江、甬江；“六塘河”即蜿蜒于城区的6条引水干渠。江河并流，干、支、毛及田间渠道构成的渠系配套工程不断完善。

鄞西水利系统的引水干渠为南塘河、中塘河和西塘河，3条干渠连起鄞西平原内20余条支渠。南塘河是引樟溪之水入鄞西河网和甬城的主要供水河渠之一，主要支渠包括小溪港、里龙港、王子汇港、照天港、风堋河、千丈镜河、车何堶港、象鉴桥河、南新塘河、启文桥河等。它山堰之下有洞桥沙港村，因为咸淡水相交，加之堰成之后，水流速度减慢，山沙沉积，适合种植瓜果蔬菜，

后塘河

余姚江

以洞桥西瓜著名。分干渠中塘河，自横街林村向东，经凤林、横街头，经姚家、集士港、祝家桥、卖面桥、望春桥，交西塘河，横贯鄞西平原中部，为引水入宁波市区的主要河渠之一；主要支渠包括凤岙市河、梅梁桥河、集士港、北新塘河、西洋港、湖泊河等。分干渠西塘河，又称后塘河，自石塘六和桥向东南，经高桥、望春桥，至宁波市区西门口，沿途有较多向北连碶、闸、翻水站的河渠，向余姚江排水、翻水；主要支渠包括九里浦河、七里河、柳西河等。

鄞东水利系统的引水干渠为中塘河、前塘河和后塘河。中塘河长约 9 千米，均宽 24.25 米，均深 1.54 米，为鄞东引流、蓄水、行洪、航运的主干河之一。其源头为东钱湖莫枝堰，一路西折，经过沙家垫、五港、鹁颈汇、中浦漕、泗江、潘火桥，至横石桥与前塘河会合，尾闾之水经四眼碶桥，

甬江

西塘河

由校场碶入奉化江。东钱湖大堰下注之水进入长屿港，经观音庄、前徐，分两路：一路往北，沿前塘河至横石桥、栎木碶，与中塘河汇合；一路折向西南，经云龙、贝则、萧皋诸碶，至奉化白杜。以上两路尾闾之水，排入奉化江。前塘河均宽 29.26 米，均深 2.2 米，是鄞东南引流、蓄水、泄洪、航运的主要干渠。后塘河均宽 30 米，均深 1.8 米，为鄞东引流、蓄水、行洪、航运的主要河道，出道士堰碶、大石碶。东钱湖钱堰下注之水，一路经后塘河，从杨木碶入甬江；一路经五乡、姜家陇，由梅墟碶、潭头河碶入甬江。梅湖碶下注之水，通后塘河，一路经东吴、小白河、五乡碶，到镇海崇邱乡（今北仑区小港街道），由小浃港出东岗，经东岗碶出浃水闸入甬江，一路自五乡北分注梅墟、龙山诸渠，于小港旁出楼家碶。这一完整的河网大体在宋代以后逐步形成，灌溉面积为 703 平方千米。

海定波宁

翠屏山下江如画

慈江与化子闸

曲曲管江水，南萦复北流。
江潮日夕至，寒响殷紫楼。
凫鹭散如叶，短荻风飕飕。
烟波澹名利，横泊渔人舟。

——〔清〕厉志《列仙游馆八景诗·管江潮汐》

慈江

慈江闸

江北平原为余姚江平原一部分，以北面翠屏山为主要集水区域，因山脉体量较小，山脉南麓区域较四明山北麓难获水源，人们较早通过修筑湖泊以满足生活与灌溉用水，如唐代建普济湖、永明湖、花墅湖、鸡鸣湖、云湖等。这些山麓湖泊之水下注，汇入后江，即慈江。余姚江在江北平原的构架中又称“前江”。两江之间有丰产河、大泾浦、小泾浦、白罗浦等河道相沟通，构成了一个密集的水网体系。旧时，余姚江海潮漫灌，若连绵阴雨又逢海潮顶托，往往泛滥成灾。如果连续晴 20 至 30 天，海水逆河而上可抵余姚丈亭，连续晴 40 天，可抵上虞的通明坝。慈江水流细缓，曲折多绕，加之江北平原高程绝大部分在 2 米以下，河道不畅。管山以东的江北平原与西部沟通困难。翠屏山东南麓来水，如汶溪多从江北大河向南排入余姚江。江北平原一直为灾害困扰：旱

化子闸

时无水灌田，涝时则洪水泛滥，造成物产歉收，民不聊生。

宋宝祐五年（1257），沿海制置使吴潜察看地形后，在慈城南三里管山之下，买下赵姓民田开凿江道，《开庆四明续志》卷三记载："七月，大使丞相（吴潜）以钱一千五百三十一贯四百一十五文，市民田，垦河五里，长七百丈有奇，阔三丈六尺，深一丈六尺。"管山江凿通之后，水不迂曲，南抵西渡，东抵茅洲，鄞县、慈溪、定海（即镇江）三邑皆蒙其利。汶溪之水贯通慈江，一路西去，过三七市镇云山村潘家岛的慈江大闸入余姚境，然后蜿蜒向东，直至丈亭镇三江口汇入余姚江。管山江东西贯通之后，余姚江涨潮可以直抵平原东部，余姚江淡水涌入以中大河、江北大河为中心的东部平原河道，有利于东部平原获得稳定的水源。但退潮之时，东部平

化子闸碑记

原河网之水，也随之西泄。为留挡西泄之水，保证东部平原灌溉，吴潜亲自巡视中大河全线，进行详细考察，在汶溪、中大河、慈江交汇的“三江口”建茅洲碶，又称“茅砧（或作茅针）碶”。元代迁址重建后又称“茅洲闸”“化纸闸”“关潮闸”，清光绪七年（1881）开始改称“化子闸”。化子闸建成后，发挥了断咸、蓄水、泄洪、引灌的水利功能。当余姚江涨潮时，慈江水向东而行，化子闸开启闸门，纳入淡水；退潮时，关闭闸门，起到蓄水灌溉的作用，故也称“关潮闸”。镇海、慈溪（即慈城）等地10多万亩农田由此受益，极大地推动了农业生产的发展，其作用不亚于它山堰。化子闸历代均有修治，如元代漕运万户倪可久、明代宁波知府陆阜、清澥浦郑氏十七房商人郑国祯等。最感人的是清光绪年间陈鉴科三代前赴后继修建化子闸，宁波知府宗源翰作《重修关潮闸记》，褒奖陈氏一家“尽力水利，以惠桑梓，仁人之用心，诚不可及，其名当垂之千百世”。中华人民共和国成立之后，此闸经过多次改建扩建，2013年台风“菲特”后，于2016年新建了超低扬程大流量泵站，成为化子闸站。

三、千年承传

元明清时期，农田水利工程在宁波各地普遍兴修，平原区域的水利工程迅猛发展，主要是水利设施的维护、重修及新建，水利分布格局日趋合理，水利主干工程基本定型，但特别值得称道的大型工程或者起关键作用的典范水利工程不多。明洪武十一年（1378），余文昇任明州知府，督促官吏、百姓兴修水利。第二年因治理得法，升为工部尚书。洪武二十四年（1391）五月，政府利用农闲之时，调民疏浚鄞县东钱湖。嘉靖三十八年（1559），宁波知府周希哲重开鄞县碶闸，使“连岁大水不为害，田入视昔较倍，黎庶欢跃，颂声四作”。清代水利建设主要集中在雍正以后，并在乾隆、嘉庆年间达到高潮，几乎每年都有一些水利工程的修复或新建。据光绪《鄞县志》统计，清朝前期鄞县重修水利 29 处，创建 137 处，远远超过了明代。如康熙十年（1671），海道副使史光鉴修江东碶。康熙二十五年（1686），定海（即镇海）县令周家齐疏浚前大河、中大河。顺治年间，慈溪县令王绣开浚慈湖；乾隆年间，知县胡观澜疏浚慈湖，完工后，又在湖心堤上建了一座“师古亭”。乾隆九年（1744）八月，户部议准湖荡管理水利，能够发挥抗旱蓄洪的功能，令督抚在各地浚修，宁波湖泊修治进一步推广。其较有代表性的水利建设为小浃江流域的小浃江碶闸群与宁海的杨柳洪砩、浙江湖砩。

海定波宁

顺江而作

小浃江碶闸群

三邑通其水，五乡碶、东冈碶[1]、燕山碶，至此独障狂澜；万灶乐为农，灵岩乡、泰邱乡、海晏乡，惜不共沾美利。

——义成碶碶桥楹联

① 东冈碶，现多作“东岗碶”。

东岗碶

燕山碶

小浃江，发源于鄞州东钱湖和三溪浦水库，过去海舶由此入鄮山，“邑人以其海中物产，于山下贸易”。宋以后，鄮山一带海湾逐渐成为陆地。《明史·地理志》“宁波府·定海”条：“南有大浃江，其上流即鄞江，分流为小浃江，并入海。”小浃江碶闸群由小浃江上现存的东岗碶、燕山碶、义成碶和浃江大闸组成。它们曾经发挥过抗咸蓄淡、蓄泄灌溉的重要作用，是小浃江上重要的水利设施。据民国《镇海县志》记载，明嘉靖三十四年（1555）建东岗老碶，位于小港街道东岗碶村东岗碶自然村北侧，五孔，灌溉农田1.3万余亩。万历年间（1573—1620），在东岗老碶西百步处，筑八孔东岗新碶。万历三十一年（1603），增筑新碶为十三孔。现存东岗碶系清康熙二年（1663）重建。嘉庆十三年（1808）三月，下游燕山碶建成后，东岗碶成为交通桥，现仍保

义成碶

留有碶桥的特点。

燕山碶又称堰山碶，位于小港街道长山村前头洋自然村。它横跨小浃江，占地 67 平方米，全长 26 米，十三孔，每孔孔距 2 米，宽 2.6 米。筑碶者为当地平民徐起南、徐起达昆仲，这在宁波水利史上是罕见的。徐氏兄弟看到东岗碶上游地区在筑碶后的变化，想效法而为，但一直得不到官府支持。徐氏兄弟积攒一些钱财后，决心牵头在堰山下筑碶。据载，有人阻挠此举，徐氏昆仲不为动摇，卖掉自己家产来填补拒绝者出资的空缺。方志载：“凡费钱八千余缗。碶成，徐家洋遂成沃壤。”燕山碶于清嘉庆十二年（1807）七月始建，次年三月竣工。嘉庆二十二年（1817），下游义成碶建成后，燕山碶成为交通桥。

义成碶位于北仑区戚家山街道蔚斗社区龙头山东麓。据民国《镇海县志》记载，该碶于清嘉

浃水大闸

庆二十年（1815）由当地名绅胡钧和乐涵仗义发起，至道光七年（1827）正式破土动工，于道光九年（1829）建成，长十余丈，十五孔。自发起至竣工，皆出于“义”字。因时起事之义也，以义创之，以利成之，而义成之利可收之千百世而无穷，故名“义成碶”。义成碶是小浃江历史上发挥作用最大、使用时间较长的古代水利建筑。

浃水大闸位于北仑区戚家山街道蔚斗社区北侧小浃江口，出水口60米处即为甬江口主航道，是小浃江上碶闸建设的收官之作。该大闸利用笠山东北坡有利地形，开凿闸基，使闸身屹立于基岩上。其依东北－西南向横跨小浃江，占地2100平方米，设闸门十孔，每孔净宽2.5米。据《镇海县志》（1994年版）记载，1966年11月筹建开工，1968年8月竣工。浃水大闸建成后，排涝效果十分显著，但后来镇海港建设时，由于虎蹲山至游山之间的潮汐港被截等原因，排涝效果受到很大影响，此后经有关方面协调，情况有了很大改观。

海定波宁

水润山乡

宁海白溪上的碶坝

天台之溪，余所见者：正东为水母溪；察岭东北，华顶之南，有分水岭，不甚高；西流为石梁，东流过天封，绕摘星岭而东，出松门岭，由宁海而注于海。

——〔明〕徐霞客《游天台山日记》

前童古镇八卦水系

浙江湖碶

在陂田基础上，对山坡地采取“层磴横削”，修成一层层如阶梯式的田，以种植水稻，在五代时已经盛行。“梯田”的名称最早出现于南宋范成大《骖鸾录》。梯田的发展促使山区水利设施增加，为更多地利用山区水资源创造了条件。两宋之交，大批移民进入浙江，进一步促成山区梯田的开发。淳熙年间（1174—1189），孝宗采取蠲免苗税的政策，奖励“两浙民户将已业土山，施用工力开垦成田”[①]，使可耕田亩有了可观的增长。到明清时期，梯田开发从浅山区推进到深山区。天台山白溪之上宁海岔路的浙江湖碶与前童古镇八卦水系是典型的两个山区水利工程。

白溪之水“盖冬则泄之使去，春夏则蓄之使来”。这是古代宁海岔路先民兴修水利最朴素的科技理论。明代，岔路平原已经生活着十几个村

① 《宋会要》食货六之二九。

浙江湖碶

庄的乡民，开辟了上万亩良田。根据农耕时令的需要，开始出现了引水工程。当年人们先在白溪河道上筑堰坝，又在岔路平原上开挖无数条纵横交错的引水渠，有的接通农田，有的引向村落，他们称这种人工开挖的水渠为“碶”，竺家洪碶就是其中的代表。竺家洪碶，位于宁海县岔路镇前后娄村。碶的入口处位于白溪中游，因工程开挖时，通过竺家村和洪家村，故称“竺家洪碶”，后又因闻名浙江，谐音为“浙江洪碶”。据现存于岔路镇花堂村的《花台门葛氏宗谱》载，竺洪大碶为岔路人葛和中（1343—？）于明洪武七年（1374）奉旨修建。葛和中虽为布衣，但热心地方公益，且有谋识。岔路土地瘦薄，虽有白溪绕境，但田高难灌。明洪武二年（1369），他倡议开凿白溪渠道，村人响应，遂绘详图，呈报有司。四年（1371），浙江行中书省水史林鼎本至岔路

浙江湖碶

前童古镇八卦水系

勘察，准予动工开碶，然为竺、洪两村所阻，遂变卖家产上京申诉。七年（1374），朝廷特颁《敕赐葛和中开浚竺洪大碶檄文》，并赐马一匹、锣一面、大板一块以督责，又拨田32亩以充民工食。乃领乡民开工，终在竺、洪两村间砌成百余丈长的大石坝。又凿水渠15里，开沟72处，造暗涵32洞，自此3700亩田可灌白溪之水，瘦田成腴野。竺家洪碶建成后，专门由碶长进行管理。每岁春，葛姓碶长督催各姓，筑堰使障桐洲之水以归于一派，盖冬则泻之使去，春夏则蓄之使来。由于屡遭洪水冲毁，1984年重新建造了堰坝，位置相比原来上移了300米，可灌溉岔路镇7个村1960亩农田，使当地抗旱能力在20天以上。

前童古镇

前童古镇，位于宁海县城西南约15千米，历史悠久，文化积淀深厚，地理环境独特。地处天台山尾脉，三门湾之畔。东有塔山，西有鹿山。

前童古镇

白溪自西南方向奔流向东北，镇的北侧则有梁皇溪环绕，两溪交汇继而流入三门湾。南宋绍定六年（1233），童氏始祖童潢携全家迁徙到塔山之麓，筑庐定居于今天前童的所在地。明朝正德三年（1508），前童大旱，继而引发饥荒。遭此大灾，前童人痛定思痛，决定兴修水利，凿碶修渠，引白溪之水灌溉农田。先祖童濠循溪踏勘，在村西南2千米的杨柳洪动工修建杨柳洪碶。“碶通洫，洫通浍，千枝万派，源源而来”，杨柳洪碶不但解决了3000余亩农田的灌溉问题，而且盘活了前童古镇水系。童濠通盘考虑，用儒家“天人合一”的思想合理规划，掘好水渠，布好水系，并将建筑物融入周边的自然环境为一体，这就是仍然流传至今的八卦水系。整个水系以童氏宗祠为中心，将村中房屋和农田划为8个部分，分别对应乾、坤、震、巽、坎、离、艮、兑，卦与卦之间用水渠贯穿。水渠一分二、二分四、四分八，依地势顺路沿屋流淌，最终形成了家家户户、门前屋后、小桥流水、清流映带的回字形八卦水系。

海定波宁

寒泉来集
石浦古井群

有道近邻胜远亲，芳邻怎知做不成。
一声保重各西东，就此别过黄家井。

——佘不朽《别四邻》

咸水井

黄家井

象山半岛丘陵纵贯入海，自古以来没有大川大河。山低坡陡，溪流源短，河道浅狭，独注入海。乾隆《象山县志》记载：“洪涝虽不忧，蓄水却不易，所患者旱也。”地质条件的局限，让象山至今仍频受干旱困扰。明清时期，石浦镇已是东南一带举足轻重的要港重镇。当年在没有水库、调蓄能力低弱的情况下，生活用水的水源主要靠凿井取泉。勤劳智慧的石浦人民根据地形，在城内先后开凿了多口大井和水仓，有效地解决了城内居民生活用水的问题，支撑起了当地社会经济的发展。2020 年，浙江省水利厅和省文物局联合对全省古井水源进行了一次摸底调查，出炉了最新版的浙江古井“完整报告”。报告共记录全省古井有 5958 处，象山编号在册的古井为 56 口。其中，石浦老街一带就占了 12.5%。石浦古井群包括黄家井、黄鳝井、佛子井、牌坊井、咸水井、校场井（分南井、北井两口）和叶公池。黄家井位于石浦渔港古城北侧，人民路东侧巷弄中。始建于明代，井栏圈由 4 块石条构筑而成，略呈正方形，边长约 2 米，高约 40 厘米。造型古朴大方，水质清澈，如今仍能正常出水，也仍有居民从中取水使用。佘不朽老人从小就在黄家井边长大，后因老城保护需要而搬离，一首《别四邻》表达了他对古井以及市井邻里生活的深情。

舟楫之利，以济不通，致远以利天下，盖取诸涣。

——《周易·系辞下》

通江达海

《越绝书》说，越人“水行而山处，以船为车，以楫为马，往若飘风，去则难从”。生活在河流纵贯、湖泊密布的泽国水乡，作为习水民族很早便有航运水道的修治。这种修治多是对天然水系的疏导性改造，是服务于农业社会生产与生活的综合水利系统的一个环节。《越绝书》中记载的“山阴故水道”西起绍兴城东郭，东至曹娥江，即是日后浙东运河的西段，也是我国春秋时期建成最早的人工运河之一。

浙东运河的西段即曹娥江以西，以人工疏浚、开掘为主；浙东运河的东段即曹娥江以东，以天然河道与人工运河综合运用为主。余姚江在余姚丈亭以下，江宽150—250米，水深4—5米，至宁波汇入甬江。到隋唐时期，浙东运河航运与京杭运河相融通，成为贯联中外大通道的重要组成部分。全长200多千米，跨越钱清江、曹娥江，沟通甬江和钱塘江的浙东运河基本格局已经形成，交通运输业随之快速发展。至宋代，浙东运河航运地位更加突出，特别是由于宋室南渡后，“四方之民，云集二浙，百倍常时”，呈现“浪桨风帆，千艘万舻”的繁华景象。但一直以来，通向世界的中国大运河被漕运南北的京杭运河所遮蔽，浙东运河在过去常常只被认为是京杭运河的延伸而已。

中国大运河浙东运河（宁波段）主要部分指潮汐江，包括甬江、余姚江和慈江。汉武帝元鼎六年（前111），将军韩说率领军队“出句章，浮海从东方往”，征伐闽越国，余姚江可能已经通航。唐显庆四年（659），日本第四次遣唐使由甬江入余姚江，使船停泊在余姚，使节登岸，辗转到达越州府（今绍兴）；龙朔元年（661），使船在郡城（今绍兴）等着遣唐使回国，从余姚江经鄮县在镇海口出海，这表明浙东运河在唐代已经全线贯通。其后浙东运河宁波段不断得到改造，多以开掘河渠、增筑堰坝的方式，尽可能走适航性更高的内陆河湖。如以西塘河替代三江口到大西坝的余姚江段，以马渚横河替代通明江，其基本形式是“堰坝＋自然河道”。通过一道至数道堰坝，将长达十几千米乃至几十千米的自然河道改造成运河，使运河的水位、水量、水流不受相关的山区型河流水位因海潮上溯而产生剧烈、频繁变化的影响，保持相对稳定的水运条件。这是中国运河最有智慧也最具效益的建设方式。

宋室南迁，宁绍平原作为重要经济基地决定了浙东运河的重要性，而且从战略上讲，浙东运河还是东通宁波出海的主要航道。故而这一时期的堰坝、碶闸建设以及日常疏浚、维修、管理最为规范。沿海制置使吴潜开掘管山江、刹子港等，贯通水文条件更好的潮汐江慈江，提高了航行的安全性与效率。浙东运河宁波段也发展成为堰坝、人工河渠网络连接潮汐江、湖泊、城镇、乡村的运河系统,宁波平原各地成为宁波港的近港腹地。运河交通的发达与区域市场经济连在一起。如三北平原的快船江、长冷江、横河，镇海的万弓塘河、中大河、颜公渠,鄞州的后塘河、中塘河与前塘河,海曙的西塘河、中塘河与南塘河，奉化的剡江、县江、东江等。这些江河联结着浙东运河主航道，承载着熙熙攘攘的中外官、民、货运业，在交汇连结处往往是区域重要城镇所在。

中唐以后，中国经济文化中心南迁至江南，宁波作为中国大运河的出海口，在地理上又处于大陆海岸线中段，东亚的地理几何中心，海道辐辏。《方舆胜览》所说“内此藩屏王畿，外以控制海道”，促使宁波在整个国家城市结构中的地位显著上升，表现出吞吐万里的气度，治水兴利展现出宏伟的气魄。唐开元二十六年（738），宁波设立州治；长庆元年（821），三江口州治建立。宁波海港、河口港、内河港三港合一，成为港口性质的河口运河城市。三江口被称为大运河与海上丝绸之路的连接点，是浙东运河越过城市的终点，又是帆船时代东海岸南北航运的换船中心。唐代海运码头主要集中在余姚江南岸。宋代海运码头主要集中在奉化江西岸的江厦街。明州（今宁波）港与内地以及朝鲜半岛、日本列岛、东南亚、波斯湾等地的贸易交流空前繁荣。日本遣唐使后期主要以明州为登陆港；遣唐使结束后，兴起的明州商团，包括越州出身的唐商，与明州自越州分化出来后迁入明州的唐商，多在此出港或登陆。在他们的努力下，江浙地区的对外贸易特别是对日等国的文化交流得到了极大的发展。宋元时期，明州为三大贸易港之一，是两浙路市舶司的所在地。明代为日本使臣、僧、商进入明的唯一通道。

作为联结河海的外贸商业城市，其格局迥然不同于传统的政治型城市。宁波政治中心为子城，是政府机构驻地，南宋《宝庆四明志》记载，“子城周回四百二十丈，环以水”。子城南门留存至今，主要承担漏水计时、击鼓报时的功能。唐乾宁五年（898），建罗城，周长9千米。罗城北面为余姚江，东面为奉化江，南面、西面被护城河环绕。罗城是一种扩大化的“市”，商店、作坊和住宅区混合的新型街道在三江口、奉化江之东出现，城市成为开放的社会。同类商品多集中在一个区域进行交易，有专门的鱼市、茶市等。众多商家在集中交易中良性竞争，有利于消费者的比较与选择。政府的分类与管理，提升了交易的效率。罗城四周开设有十个城门，在城西的望京门和城南的甬水门旁另开两座水门。东面临奉化江的罗城墙上开设食喉、气喉和水喉三个闸门。南塘河过甬水水门入城，西塘河过望京水门入城。这两股水系入城后，进入日湖和月湖，经过约有45条河流的交汇，流经城内各个角落，最后从食喉、气喉和水喉排出城区。这三个闸门既能及时排污排涝，保证城内河流的清洁和水位的调节，又能控制海水倒灌，保证了城内的用水质量。在宋代，还建有郑郎坝（即澄浪堰）、保丰碶，以及江东诸碶等排水设施。

河海联运也体现在漕运上。明清两代倚漕为命，京杭运河重在漕粮。实际上浙东也是中国古代重要的漕粮征发地区，在元代就建立起了一套完整的管理体系以维持海运。庆元绍兴海运千户所负责浙东地区的粮食运输，该机构设在今海曙区大梁街，简称“庆绍所”。庆元成为当时南方漕粮北运的重要运输港，其重要特征是河海联运。直到元顺帝时，运粮量还保持在每年不下10 万石。明初，漕粮也一度依靠海运。

总体来看，浙东运河及浙东的经济与政治地位在南宋一度达到巅峰。之后，浙东运河主要作为区域性的运道发挥着运输与水利功能。清末，京杭大运河漕运走向衰微。1901 年，清廷宣布废漕令。但浙东段区域性运输与灌溉功能大都没有显著衰落，铁路、公路等新式交通方式也没有排挤运河和其他自然及渠化的水路交通，宁波还兴起新式的民营内河航运业。而宁波作为五口通商口岸，成为近代对外贸易、海洋航运业的先发城市之一。

一、百里运河

现在划入世界文化遗产的中国大运河浙东运河（宁波段），为上虞－余姚段、宁波段两条河道，以及三江口（含庆安会馆）这一代表遗产点。上虞－余姚段，即虞余运河，实际上有南北二线，南线从上虞的四十里河经通明堰，汇入余姚江上游的通明江，在余姚云楼上陈村东侧进入宁波段，下行 1 千米后从云楼的下坝汇入余姚江七湾处。通明堰是四十里河的终点，也是余姚江的起点，始建于南宋嘉泰元年（1201），“通明”即通向明州之义。通明江通航能力受余姚江水涨落的影响比较大，落潮时，过往船只往往要等待很长时间才能通行。北线从上虞百官的上堰头（即百官坝）起，经驿亭到五夫的长坝，接余姚的马渚横河，过斗门曹墅桥后汇入余姚江干流。长坝位于上虞驿亭镇五夫村长坝自村东尽头，是上虞、余姚两县的分界线。马渚横河西称湖塘江、东称马渚中河，沿途有高桥江、青山港、长泠江、贺墅江等汇入，北侧为姚西最大湖泊牟山湖。旧时，牟山湖为补给运河的重要水源。北线较南线近十里左右，南路各堰挽舟设辘轳，北路则为徒手拖拉，船较南路小，因此在古代南路为主航道，而北路则为副航道。

虞余运河与余姚江相交处为余姚市马渚镇斗门村，在南宋时，这里已建有陡门、闸坝等设施，后几经废建。过斗门不久，余姚江入余姚县城。余姚为浙东运河西段的运河枢纽及重要内河港埠，沿途有武胜桥、通济桥、最良桥、季卫桥、舜江楼、龙泉山、皇山节制闸等，皆是各个历史时期重要的水工遗存和文化景观。余姚江出余姚城后，在郁家湾与旧慈溪县交界，流经丈亭古镇，与慈江交汇形成丈亭三江口。慈江在北称“后江”，余姚江在南称“前江”。古时这段余姚江又称为“丈亭江”，设丈亭渡和南渡以通往来。

慈江发源于镇海的桃花岭，向南流至化子闸，化子闸以上称“中大河”，以下为“慈江”。中大河向东而流，沿骆驼桥、贵驷桥等村镇直达镇海县城西门，在白龙洋与前大河汇合，船舶可过张鑑碶入甬江。前大河古称“夹江河”，又称“颜公渠”，与甬江平行，直达宁波城区江北岸。列入世界文化遗产的浙东运河宁波段现在指丈亭到镇海的杭甬运河乙线航道，即从慈江经中大河到镇海的河道，这是镇海沟通杭甬运河的主航道，中间经过慈城，总长 49 千米。

通江达海

因地治水的典范河道

虞余运河

五夫河，在县北三十五里。源出夏盖湖，曰驿亭堰，凡三十里，东流入余姚县之菁江。

——〔宋〕《嘉泰会稽志·卷第十》

余姚斗门新闸

余姚斗门老闸

这是关于虞余运河一段五夫河的记载，是现今能查到的关于这条运河的最早记载。在宁波段运河中，上虞 - 余姚段是沟通曹娥江和余姚江的重要河段，扮演着浙东运河绍兴和宁波（余姚）过渡段的角色。运河全长 25 千米，西起曹娥江边的上虞赵家村，经五夫长坝进入余姚，再经湖塘江、马渚中河，过曹墅桥注入余姚江，20 世纪 80 年代曾是浙东运河甲线，现为六级航道，平均宽 22 米，水深 1.5 米。在虞余运河中，余姚段始建于宋代，是利用当地的湖泊沼泽，经人工整理后形成的运河，全长 11.4 千米，宽 40—60 米，水深 2—3 米，沿途有牟山江、青山江、奖嘉隆江、贺墅江等汇入，成了余姚江最大的支流。虞余运河北侧紧挨牟山湖，中间以湖塘相隔，在湖塘上开数个水闸以调控水源，故此段又名“湖塘江”。宋代，牟山湖水域面积 25000 余亩，如今其他湖泊或淤废或垦

余姚斗门新闸

殖，仅存牟山湖一处，水域面积约为 5000 亩。

虞余运河余姚段上有斗门老闸、斗门新闸、西横河闸等水利航运设施，统称“马渚横河水利航运设施”。其中，斗门老闸在南宋《嘉泰会稽志》中有相关记载。由于上下河之间水位有落差，以前过斗门老闸的来往船只，需经由大石板铺就的斜坡，靠人力及畜力拉船过闸。20 世纪 80 年代，斗门老闸边建造了箱式船闸，与长江三峡船闸的结构类似。如今，由于河道变迁，船用的航运功能已废弃，水闸主要起调节水位、方便灌溉农田的作用。据明嘉靖《余姚县志》记载，当时，余姚江流域大小堰坝不下百处，形成高低不一的河网梯级水位。这种分级取水的治水措施既方便灌溉，又利于行舟，还缓解了上下河区的旱涝矛盾，堪称古人因地制宜治水的典范。

通江达海

两宋禹功

沟通两江的刹子港

微臣职刍牧，痒痛入肌深。
行若负刺芒，坐如隐毡针。
再拜告神明，寸心秉坚金。
蠲租还已债，议狱并弛刑。
但求讲实政，何暇竞虚名。

——〔宋〕吴潜《久雨喜晴检阅计院纪以春容之篇敬用韵为谢》

刹子港

小西坝

这首诗表达的是宋代状元吴潜宏大的经营天下之志与深沉的忧国忧民之心。作为水利专家与大国丞相，吴潜对宁波的水利建设有着高远的目光与独到的开创，是宁波大运河建设中最为杰出的水利功臣之一。宝祐五年（1257），吴潜买民田开挖刹子浦（刹子港），沟通慈江和余姚江，长约 4 千米。刹子港南端为小西坝，既是阻咸蓄淡的水利工程，也是重要的航运设施。旧时刹子港在小西坝前河道较窄，也很弯曲，起到减慢流速、保水的作用，也是船只进入余姚江的缓冲区。后来河道裁弯取直，拓宽水面，1993 年新建过水不过船的小西坝新闸。刹子港北端与慈江相交于夹田桥。夹田桥位于慈城东南面，水路通慈城大东门，北靠清道观，西对管山亭，跨越慈江之上，志书载“束于隘口，折于盘涡”，处“江海交流之会，舟车辐辏之冲”。夹田桥始建于北宋皇祐

刹子港

二年（1050），为慈溪县令林肇所建，南宋绍兴年间重建，中间数次修缮，至明朝天启年间再建。因前江为感潮河段，航船多风险，该河段挖通后，刹子港对当时的漕运以及“海上丝绸之路”的发展有着重要的意义。此后慈江便成为往来余姚、慈溪和鄞县、镇海之间的主要航道。《延祐四明志》记载，“乘潮多风险，故舟行每由小江”，小江即慈江。现在，慈江－刹子港航段在作为运河遗产的同时也是宁波市“东排工程”的重点疏浚河段，这条河道畅通涉及半个江北的农田灌溉和水利调节。

通江达海

道在穹壤间

六十里颜公渠

颜公渠通骆驼桥等处，农时筑坝于李碶渡，使江水从丈亭而入，灌溉鄞、慈、镇各乡田亩，为利无穷。颜公榜示载《敬止录》，李堇山赞载《闻志》。

——〔清〕徐兆昺《四明谈助》

前大河

前大河

南宋淳祐六年(1246)秋,知府颜颐仲开拓“夹江河”。颜颐仲(1188—1262),福建漳州龙溪人,淳祐四年(1244),知庆元府、沿海制置使。“道在穹壤间,如日照万国”是其著名诗句,蕴含其“为生民立命”“为万世开太平”的宏大志向。在任内,颜颐仲疏浚了六十里水渠,并对甬江以西、余姚江以北沟通鄞、慈、定三县的江北地区河道作了整体的疏通。这六十里水渠即指桃花渡东北,从常洪入,经朱家桥、渡驾桥、虹桥,至白龙洋汇合中大河的河道。因河道处在镇海江北地区南首最前端,故称“前大河”。《宝庆四明志》记载:“自桃花渡(今三江口江北岸)而东,迄定海西市,绵亘六十里,原港久湮,田畴失溉,舟楫不通,民旅病之。”水渠全线贯通经过一个多月的努力,“才越三旬,而六十里故河尽复,广五丈,深丈二尺……置堰三,跨桥六……民便其利而颂其德,

张鑑碶闸

因刻石曰颜公渠。”前大河有 10 余米宽，4 米左右深度，设置堰坝三座，桥梁六座，基本就是过去镇海县城到达府城的通航要道。因百姓深受其益，故名之为“颜公渠”。直至 20 世纪 90 年代，镇海张鑑碶以西至下白沙段填河筑房，河道基本消失。

二、玉带联珠

运河汤汤，文化绵延。2013 年 3 月，中国大运河（宁波段）包括浙东运河上虞 - 余姚段（虞余运河）、浙东运河宁波段、宁波三江口、余姚江水利航运设施（含压赛堰遗址、小西坝旧址、大西坝旧址）、水则碑等，被公布为第七批全国重点文物保护单位。浙东运河两岸众多的水利设施、美好风物被记录进诸多历史文献。15 世纪末期由朝鲜人崔溥写成的《漂海录》被喻为“东方的《马可·波罗游记》”，是明代第一个行经运河全程的朝鲜人的逐日记录，生动形象地展示了当时大运河的交通情形和沿岸风貌。崔溥在鄞县北渡坐船从南水关“棹入城中”，经月湖的“尚书桥”，又过“惠政桥”、四明驿等，“城中所过大桥，不止十余处”。后行船“至西镇桥，桥高大”，“至西坝厅”，过小西坝，“棹入慈溪县”城内（今慈城）。又继续“溯西北而上”，“过驿前铺，姚江驿，江桥（通济桥），至余姚县”。日本遣明使策彦周良《初渡集》《再渡集》等都有关于浙东运河驿站、沿途堰坝等水利设施、物产诸多方面的记载。

通江达海

百里运河竞繁华
依水而生的江南城镇

圣主乘龙天宇开，鹤书飞下征贤才。
鄞江布衣忝英荐，蒲帆早驾长风来。
长风吹帆过西渡，赭山大隐黄公墓。
车厩丈亭并蜀山，余姚江口停泊处。
清滩七里如严陵，前瞻石堰为通明。

——〔明〕张得中《南京水路歌》

慈城古县城

镇海贵驷老街

一首明代鄞县人张得中的诗歌，记录了浙东运河与南北大运河京杭段全貌。大运河宁波段聚落相连，一路人间烟火。

余姚城被称为“七山屏一城、一城拥六水”，山水之佳为江南城市一绝。城内、城郊为最良、侯青两江环抱，南北向又有东江、中江、西江并行，会流古城的东、西、北部，与三北余慈地区的运河系统相互关联。龙、凤、龟、蛇四山耸峙，合称“余姚四灵”，是为县之镇山。余姚还较为完整地保存着江南运河特色的城市、所谓“一水两城”的格局：余姚江运河一水中流，为城市轴带，通济桥、舜江楼、季卫桥、皇山节制闸等景观依次相列。慈城城内河流组成“三纵五横”的骨架，与街道构成“半街半水”的“双棋盘”路网格局。据雍正八年本《慈溪县志》记载：“（慈城）东西水门凡三处。”这三座水门有两座位于东面，

余姚丈亭

即小东门南、大东门南。大东门设瓮城，船由水门驶入城中，是慈溪县城中最重要的一条河道，横贯慈溪县东、西两城门之间。西边城墙也开水门一处，位于大西门南，德星桥西。护城河水体中的水流就通过这三处水门注入了慈城城内河。镇海建治之始是唐元和四年（809）在甬江口建立的望海镇，后梁时建县。镇海为大运河入海口，是进入大运河的第一个县城，因此被称为“两浙门户”“郡之咽喉”。沿着甬江，码头林立。清道光七年（1827），出土宋代石碑《新建市舶司记》，记载“连樯接舻，贡琛献赉，源源相因，观光上国；重以商贾懋迁，货物珍伟，森列环萃，纷至沓来”。

马渚镇位于余姚马渚中河两岸，紧邻运河，可谓“家家临水，户户通舟”，旧时两岸商贾云集，较为繁庶。丈亭镇为会水陆通道之重镇，宋代以后，丈亭以东可以不经余姚江，而通过慈江—刹子港—

余姚丈亭

余姚丈亭

西塘河抵达宁波。这使得丈亭镇的水陆枢纽地位得以提升，促进了当地商业的发展。现遗留有沿江 1 千米长的古街。高桥为宁波城内与城外贸易的集散地，沿河一段形成了商铺区，坐落在高桥的梁山伯庙是梁祝传说的发源地。长石老街中心即中大河沿岸街区，现尚留存大量的历史建筑，沿河部分建筑尚保存有店铺形式。其他保存至今的运河历史地段如望春历史地段、贵驷老街和骆驼老街等。余秋雨《文化苦旅》中《夜航船》，记录了乡村运河艰辛而素朴的记忆。“夜航船，历来是中国南方水乡苦途长旅的象征。……每天深夜，总能听到笃笃笃的声音从河畔传来，这是夜航船来了，船夫看到岸边屋舍，就用木棍敲着船帮，召唤着准备远行的客人。”对于所有生活于塘河畔的人们来说，运河与航船不仅仅是生活，更是一条延展着人生的路。

丈亭老街

通江达海

潮生渡口

迥迤运河渡口群

昨宵北渡今西渡，系是离家第二宵。
诗伴风流勤犯驿，棹郎醉饱健迎潮。
丈亭浦近邻州接，笔架峰迷故里遥。
得意归来期可数，榴花如火照高标。

——〔宋〕陈著《入京到西渡》

半浦渡

大西坝

宋代鄞县人陈著入京赴考写下了这首经过西渡的诗歌。西渡位于海曙区高桥镇北5千米余姚江边的大西坝村，原名“西渡坝”，是控制余姚江与大西坝河水位的重要水利设施之一，是内河船舶进出余姚江的必经之路，也是唐宋以来浙东水上大通道的重要节点。大西坝曾建有驿站，配坝夫10人，官船过坝即进入鄞西的河道。大西坝凉亭上有一副对联记录着当时繁荣景象，“南来北往到此问津，雨夕风尘也堪托足。暂寄足乎欲行且止，请息肩矣少住为佳”。陈著写作此诗时，可能是溯余姚江而上，所谓“棹郎醉饱健迎潮”。

大西坝石碑

南宋宝祐四年（1256）春，吴潜重新修建大西坝、小西坝。小西坝即与大西坝隔余姚江相望，也为吴潜所建。小西坝旧称“新堰”，光绪《慈溪县志》称为“小新坝”。如今宋代小西坝遗址已难确定，现址留存两座小西坝闸体，一座

小西坝

为1964年老闸，已废弃，另一座为1993年12月20日建的新闸。半浦渡位于小西坝西面半浦村，距慈城约6千米，是运河两岸为数不多的活渡口。

在人工河段与自然河流交汇处，为使运河的水位、水量、水流不受相关的山区型河流在海潮上溯影响下剧烈、频繁的水位变化影响，保持相对稳定的水运条件，需要修建控制工程。如与余姚江上游支流通明江交汇处，修建通明南堰、通明北堰；沟通十八里河和姚东有下坝；马渚横河上修建有驿亭、横河、陡门等堰。在余姚江下游与运河交接处修建的大西坝、小西坝就是这样的工程。在某些时期还修建小闸、斗门等水量调节工程，配合堰坝使用。正常情况下，人工运河水位较为稳定，水位比自然河流水位要高，建堰坝隔断运河与自然河道，使自然河道水位剧变对运河的影响得以最大程度减少。

小西坝石碑

半浦渡

相对来说，闸比堰坝在技术上更为先进，宋代以后在运河工程中广泛应用，著名的如化子闸。明代之后，浙东运河上出现了闸坝“并联布置”的节制工程形式，即横截运河的控制工程一段为闸、一段为坝，其功能仍以闸蓄水、以坝通舟，如马渚横河堰。但闸相对于堰坝不够坚固耐用，而且建造、维护成本较高，管理难度大，并且在运作过程中，运河水位还是要受到自然河流水位变化影响。浙东运河的主要矛盾是人工河流稳定水位与自然河流频繁剧变水位之间的矛盾，这决定了堰坝成为浙东运河工程的主要选择。运河航运畅通程度受到这些渠化堰坝的制约，需要牲畜之力转动绞车拖船过坝，宁波人将此举叫作“车坝”。船只过坝通航技术早在南北朝时期就已经非常成熟。为了便于船只顺畅过坝，人们会在堰面铺上泥巴或竹子，起到减小阻力的作用。

半浦渡石碑

通江达海

多功能的水利工程

压赛堰与李碶渡闸

潮汐往来时，听两岸喧声竞渡；
江河交会处，看一椽倒影凌波。

——李碶渡亭楹联

李碶渡

压赛堰遗址

压赛堰始建于宋代，其主要作用为拒咸蓄淡、保障丰收，明嘉靖至清乾隆年间的旧志载为“压赛塔堰”，集灌溉（阻咸蓄淡）、水利（防洪排涝）、航运（拖船过坝）等功能为一体，是余姚江与江北平原水系相沟通的重要水利工程，也是通往慈城、镇海地区内河（运口）的重要节点。现存五眼碶、拖船坝、郭公碶三个不同时期的单体遗址，并列排布，建筑总占地面积约650平方米，遗址主体结构至今保存完好，是浙东运河迄今为止发现的最为完整的水利枢纽设施，其碶坝结合的形态代表了浙东运河水利工程的显著特征。

郭公碶位于整个堰坝的最南端，因民国二十年（1931）重修时碶石上刻有此名，故称其为“郭公碶”。现存碶石为单孔闸，中华人民共和国成立后重修。拖船坝坝体后期已有改动，但原坝体两侧仍留有当时绞索亭石柱及北侧绞索轴插孔，

压赛堰遗址

石柱上留有清光绪九年（1883）重修时的题刻。五眼碶在光绪《慈溪县志》记载，为制置使吴潜所建，建于南宋宝祐五年（1257），旁甃以石，立四楹分五眼，为五孔水闸，闸孔上铺条石，两侧有石制闸门插槽。20世纪末，内河运输由盛转衰，压赛堰逐渐走向废弃，五眼碶现已堵塞。2014年6月随中国大运河申遗成功，作为运河的一部分，被冠以“大运河——余姚江水利航运设施”压赛堰遗址，列入世界遗产名录。

在压赛堰附近还有倪家堰、李碶渡闸等。李碶渡闸建于宋代，《宝庆四明志》记载：“李溪闸潴文溪香山之水，以溉民田，隳废岁久，绍熙四年（1193）通判陈耆寿、邑簿胡大猷募民重建。”姚江大闸建立以后，压赛堰、李碶渡成为重要的翻水站。翻水之时，化子、泗港（今属江北洪塘）、压赛、李碶等四座节制闸关闭，不使河水重入余

李碶渡

姚江；其余上、中、下河三级堰坝、桥闸全部拆除。压赛堰得益区域包括宁波的甬江、庄市和镇海城关。李碶渡的受益区域包括骆驼、清河、西河、河头、长石、汶溪、觉渡、庄桥等。

三、千年港城

宁波是一个由青瓷、丝绸等国际化贸易催生的城市。浙东越窑最早完成了原始瓷向成熟瓷的蜕变。青瓷制作在唐代集中在宁波上林湖区域，后又进一步推及至东钱湖区域。青瓷为当时主流社会所推崇，也获得了世界性的市场。和义路码头遗址出土了许多完好的青瓷，其中荷叶盏托、瓜棱执壶等秘色瓷器成为宁波博物馆的镇馆之宝。从和义路到余姚江边的唐代遗址中，还发现经夯筑的江岸地坪，以及伸向水面的引桥式码头。历史上，余姚江南岸还设有官办造船场。据记载，最迟在唐大中元年（847），明州已设有官办造船场。

两宋时期，伴随着明州地区经济的进一步发展、造船和航海技术的进步以及政府对海外贸易的日趋重视，加之宁波得畿辅的地理优势，明州（庆元）港的对外贸易进入了一个新的繁荣期。南宋著名诗人陆游在《明州育王山买田记》中描写了当时的盛况：“万里之舶，五方之贾，南金大贝，委积市肆，不可数知。”南宋乾道《四明图经》描述：“明之为州，实越之东部，观舆地图，则僻在一隅，虽非都会，乃海道辐凑之地……有蛟门虎蹲天设之险，亦东南之要会也。”可见从明州港输出的不仅是茶叶、瓷器和丝织品，还有大量的佛画、书籍等。除了日本、朝鲜这些传统的“东洋”海商，还有来自“南洋”和“西洋”的“蕃船”，海外贸易对宋代国家的财政意义是空前的。

明清海禁，港口发展受到限制。宁波人从海商转为内商，从事医药业、成衣业、南北航运业、钱庄等行业。近代被迫开埠后，由于西方先进文化的不断涌入，打开了宁波人的视野，宁波帮急剧崛起。江北岸被改造成适宜3000吨—5000吨级轮船出入的港岸，取代了唐宋的和义路与江厦街，成为宁波港的重心。宁波港由帆船时代走向轮船时代。

通江达海

海丝古港

三江口畔千帆竞

家住蓬莱弱水湾，风姿潇洒出尘寰。
久闻词赋超方外，剩有丹青落世间。
鹫岭千层飞锡去，鲸波万里踏杯还。
悬知别后相思处，月在中天云在山。

——〔明〕徐琏《送别雪舟诗》

庆安会馆

来远亭

唐代三江口州治建立以后，三江口一带船舶聚集，是宁波的国际化窗口，也是宁波城的经济中心。唐代海运码头主要集中在余姚江南岸，宋元主要集中在奉化江西岸。明代，宁波成为遣明使唯一的登陆港。徐琏此诗为送别日本画家雪舟归国而写，表达与朋友的依依惜别之情。三江口畔旧有来安门、甬江楼、来远亭、天后宫、环富亭、杨司舶江楼、江下寺、桃花渡、船场、战船厂等遗迹。

来远亭在灵桥门北，内通市舶库，临江为亭，为元泰定二年（1325）市舶副提举周灿所建，用于验收货物、签发出入口凭证。来远亭遗址现位于江厦公园。

来远亭

天封塔，坐落在海曙区大沙泥街西端、临近解放南路交汇处，与城隍庙对面相望，是宁波市区最高的古代建筑，也是宁波的标志性建筑。唐

天封塔（1870 年）

天封塔（清末）

宋以来，外来船舶经明州港入境，首先看到的便是明州港的航标天封塔。塔始建于 695 年至 696 年，即唐武后“天册万岁”和“万岁登封”年间，故名“天封”。天封塔原塔高 18 丈，共 14 层，分七明七暗（含地宫），为完整的六角塔，其名字还暗含“通天修为，登封造极”之意。后塔刹毁，残高 41 米，六面七级。南宋绍兴十四年（1144）重建。据记载，建造天封塔时，以堆沙垒高操作，周围留下大量沙泥，大沙泥街、小沙泥街由此得名。清嘉庆三年（1798）十二月修塔将成事，因塔灯失火，致塔檐、平座、栏杆俱焚，只余砖砌塔身。1935 年天封塔重修。现存天封塔是 1989 年按宋塔风貌重修。

三江口畔天后宫始建于宋代。清代学者董沛《甬东天后宫碑铭》记：“吾郡旧有天后庙在东门之外，肇建于宋，实今有司行礼之所。分祀在

天封塔

江东者三：一为闽人所建，一为南洋商舶所建，基址俱狭，唯此宫为北洋商舶所建，规模宏敞，视东门旧庙有其过之。”清末，政府实施漕粮海运。宁波商业船帮迎来了重大发展机遇后，海运出现了“滨海商民，率造巨舟行海上，冒险贸贷。北至锦州曰北帮，南至福建曰南帮”的一片繁荣景象，宁波南北号商家皆“自置海舶，大商一家十余号，中商一家七八号，小商一家二三号”。随着获利的丰厚与积累，为更好地团结协作，减少摩擦，谋求利益，宁波所辖的鄞、镇、慈三邑九户北号船商，在鄞州区江东北路捐资修建了“辉煌煊赫，为一邑建筑之冠”的庆安会馆，清咸丰三年（1853）落成。庆安会馆是行业办公议事聚会的场所，更是船商、民众祭祀天后妈祖的殿堂，故又称“甬东天后宫”，是我国八大天后宫和七大会馆之一。占地面积 3900 平方米，中轴线上列宫门、前殿、

庆安会馆

庆安会馆

戏台、大殿、后殿。庆安会馆内的砖雕、石雕和朱金木雕等装饰，具有重要的观赏价值，也为研究中国江南清代道光与咸丰年间的雕刻艺术提供了难得的实物资料，为宁波首个世界文化遗产点。咸丰四年（1854），船商费纶志、盛植琯等在庆安会馆商议决定购入中国航运史上第一艘华商轮船“宝顺轮”，标志着我国航运史从帆船时代向机动船时代的过渡。

永丰库遗址

永丰库遗址位于宁波市海曙区鼓楼东侧，占地面积约 9600 平方米，是目前国内发现的首座古代大型仓库。宋元时期，宁波设置有市舶司（务）、市舶库、高丽使馆、永丰库等机构，以管理日益繁荣的海外贸易。南宋至明代，永丰库所在地是宁波地区重要的官方仓储设施，宋代称“常平仓”，元代称“永丰库”，废止于明洪武三年（1370）。其主要职能如《至正四明续志》所载：“差设官

永丰库遗址

攒，收纳各项断没赃罚钞及诸色课程”，与海外市舶贸易相关的赃罚以及税收都会运到永丰库存储。永丰库遗址出土了历代各类完整或可复原文物 800 余件，尤其是出土的瓷器中汇集了宋元时期大多数江南和中原地区著名窑系的产品，如越窑、龙泉窑青瓷，景德镇窑系的影青瓷、枢府瓷等。另外，珍贵的唐代波斯釉陶片的发现，充分反映了古代宁波港的兴盛及其在对外交通贸易的重要地位。

浙东运河通过西塘河入望京门，进入城内。望京门，又名“朝京门”“迎恩门”，民间称“西门”，位于望京路与中山西路交叉口，是唐宋时期宁波罗城建的 10 座城门、元代以后保留的 6 座城门之一，曾设有瓮城和水陆两座城门。外海的货物进入西去杭州的运河，需要改装成内河船。当时护城河与西塘河上都是密密匝匝的船只。2016 年

望京门（1898 年）

望京门遗址公园

考古发掘的城墙基址，主要由唐末时期基槽和铺垫层、唐宋至元代夯土墙、宋代包砖墙和护坡、元代至明清包石墙等部分构成。出土文物标本数以千计，主要为越窑、龙泉窑、景德镇窑、闽清义窑、福清东张窑等全国各地窑口的各类瓷器。现建有望京门遗址公园。

通江达海

近代转型
中西交汇的新窗口

琛赆招来海国商，甬江北岸屋相望。
分明一幅西洋画，楼阁参差映夕阳。
千里游程达上洋，轮船一夜快非常。
不须艳说滕王阁，风送才人过马当。

——〔清〕戈鲲化《三续甬上竹枝词》

江北岸近代建筑群

江北岸近代建筑群

1842年，中英南京条约将宁波划为通商口岸。1844年宁波被迫对外开埠，这是海禁三百年之后，宁波的重新开放。江北岸的新码头开始修建，宁波城市进入近代化发展阶段。英国派驻领事，取得领事裁判权。法、美、德、荷兰、瑞士、挪威等国亦随之设领事、副领事，日本派驻使者。1861年，宁波正式设立税务司制的浙海关，由总税务司委任英国人费士兼任管理，原江东的旧浙海关改称常关，征收国内贸易税。当时外滩一带，平均水深6.25米，江面平均宽度290米，适宜3000吨—5000吨级轮船出入。1862年，美商旗昌轮船公司开辟沪甬航线，其后江北岸1千米左右的港岸有13家轮船公司先后建立船码头，成为近代宁波港口重地，取代了宁波从唐宋开始的三江口南岸和义路、江厦街一带石码头。1874年，招商局建造了靠泊能力约为1000吨级的栈桥式

浙海关旧址博物馆

铁木结构趸船码头，后又扩建到可以停靠 3000 吨级的码头，标志着近代宁波港海运码头的规模发展到顶峰。旗昌、太古、三井等许多著名的洋行都在外滩设有分支机构。据统计，1890 年，在江北外滩的外国公司和洋行达到 28 家。国内贸易涉及沿海各个港口以及长江沿岸和各个口岸，国外涉及日本、朝鲜、东南亚、欧美等国家和地区。

从总体上来说，开埠以后的一百多年间，宁波城区经济发展迅速，人口大量增加，经济规模达到新的高度。宁波成为浙东商业中心，灵桥、天主教堂、甬江巨轮等成为宁波新的标志。外滩则是宁波商帮的培训基地，为中国近代化源源不断提供现代商业人才。在清末，宁波形成了到上海的移民潮，人们告别三江，前后大约有 40 万人涌入上海滩，几乎涉及宁波家家户户。

江北岸目前保存下来较完整的近代建筑约有

浙海关旧址

180多幢，主要有银行、金融、里宅等。如英国领事馆旧址（建于1842年），巡捕房旧址（建于1864年），浙海关旧址（建于1865年），天主教堂（建于1872年），江北耶稣圣教堂（建于1898年），宁波邮政局（建于1927年），通商银行旧址（建于1930年），老商铺“宏昌源号”（建于20世纪30年代），朱氏洋房（建于1935年），严氏山庄等。这些建筑呈现中西合璧的风格，与中国传统民居迥然有异，标志着宁波文化在近代历史上的重大变迁。

通江达海

招宝山下 东南要会甬江口

悠悠信风帆，杳杳向沧岛。
商通远国多，酿过东夷少。

——〔北宋〕梅尧臣的《送王司徒定海监酒税》

若在宁波，仅有镇海口岸容易修理，若能将甬江两岸筑一平行之堤，则永无淤塞之患，而极大之轮船，可以出入，宁波之商务，自无不发达矣。

——1916 年 8 月 22 日孙中山《在宁波的演说》

利涉道头

利涉道头

镇海是宁波的出海口，也是中国大运河与海上丝绸之路的相握之地。在宋代之时，因为甬江口极为宽广，镇海实际是东南北三面环海。此地招宝山与金鸡山夹江对峙，互为犄角。中国通过这一孔道，与日本人、朝鲜人、琉球人，与波斯人、印度人、马来人、阿拉伯人，及至后来的葡萄牙人、西班牙人、英国人等，进行远距离的海上贸易，形成了从地中海、红海、印度洋而一路延伸至中国东海的世界性海上贸易网络。镇海见证了中国造船及航海技术的不断发展；见证了丝绸、瓷器、茶叶以及钱币、商药、书籍等中华产品的外销，金、银、铜、胡椒、珊瑚、琥珀、玳瑁、玛瑙等海外奇珍异品的输入；见证了千帆竞航的繁华。南北洋贸易也汇聚此地，明代张邦奇《西亭饯别诗序》云："甬东为海圻孤绝处，鲛门虎蹲……海乡之民，以沧海为菑畬，每岁孟夏以后，大舶数百艘，

一鉴池

乘风挂帆，蔽大洋而下，而台温汀漳诸处，海贾往往相逐，出入蛟门。"

招宝山本名为"候涛山"，谓此地为潮汐出入；后因海上来华贸易的各国船只停泊于此，而改称"招宝山"。宋太宗淳化三年（992），设置于杭州的两浙市舶司迁至明州的定海（今镇海），监察御史张肃管理市舶司，不久，移到明州城内。离甬江边"利涉道头"不远，有一鉴池，原名"东泉池"，池水一年四季清水不枯，是古代镇海人民重要的取水用地，出海船只必须到此备足淡水，因此也是古代海上丝绸之路的重要遗址。"利涉道头"曾是北宋时期明州最大型的码头之一，"道头"即渡船靠泊的码头，叫"石礴"。它是把石块、石板、条石从江岸铺向海涂，延伸到江水落潮时最低潮位处。现在招宝山街道沿江西路的甬江口边，建有一座上书"利涉道头"的汉白玉牌坊。古代镇海沿甬江曾有十余个道头，据南宋《宝庆志》记载，甬江口最早的渡口名为"大浃渡"，即今天的"大道头"。明代"大浃渡"改称"南关渡"或"大关渡"。据《镇海县志》，还有拦江浦道头渡、薛家道头渡、邵家道头渡、县望道头渡（又称"远望道头渡"）、泥道头渡、练子道头渡、济川渡、白家浦渡等。对岸北仑则有江南道头渡、泥湾渡、江南小道头渡3处。现在的镇海轮渡码头建于1951年，1981年迁建。

镇海渡

从镇海港出发，史载影响较大的是宋代万斛神舟出使高丽。两宋时，在三江口城区余姚江南岸设立船厂，在定海招宝山下也设有船厂，招宝山船场为当时全国九大船场之一。北宋元丰元年（1078），大学士安焘和陈睦访问高丽，明州招宝山船场建造两艘“神舟”，分别取名“凌虚致远安济神舟”和“灵飞顺济神舟”。宣和五年（1123），给事中路允迪出使高丽，宋徽宗下令在明州再建造两艘更大的船，分别取名“循流安逸通济神舟”和“鼎新利涉怀远康济神舟”，是当时世界上最先进的大船。据学者估计，这两艘“神舟”的载重量达两万斛（古代的容量单位），相当于现在的1100吨以上。为接待高丽使者，镇海在定海县城东南建立航济亭。据记载，在航济亭存世的50余年间，共接待高丽使团14批次。使团每次抵达，朝廷和地方官员均专程迎接，宴请款待之后，再由专人陪同，乘坐龙舟转至明州，下榻高丽行馆。现在甬江口的航济亭复建于2009年。

大率元气嘘翕，天随气而涨敛，溟渤往来，潮随天而进退者也。以日者，众阳之母，阴生于阳，故潮附之于日也。月者，太阴之精，水乃阴类，故潮依之于月也。

——〔宋〕姚宽《会稽论海潮碑》

海晏河清

宁绍平原南倚天台、四明、会稽三大山系，北枕杭州湾，东濒东海，总体南高北低，呈现山地—平原—海岸地貌样态。海岸线从萧山至镇海甬江口长达 210 千米，面积达 8000 多平方千米，在浙江省内仅次于杭嘉湖平原。历史上，海进海退，潮起潮落，水陆更迭频繁，一部宁绍平原水利史实际上演绎着海进我退、海退我进的人地奋斗史。

长江、钱塘江及甬江等河流泥沙沉积、岸线外移为宁绍平原的开发提供了前提。在春秋末期，於越便已经开始围塘筑堤。宁波境内汉唐之间修筑的如慈溪杜湖、镇海凤浦湖等，多数因修筑海塘与海洋脱离。到唐代，南部山区的平原湖泊群逐渐走向北部平原。沿平原北部当时岸线所在，普遍开始修建海塘。又一批潟湖加快向淡水湖转化，如余姚境内的黄山湖、上岙湖、汝仇湖等。据光绪《余姚县志》等地方志记载，这些湖盆都直接以海塘为界。在这个大自然主宰的北进造湖运动过程中，人类的影响越来越大。在唐代以后，跟随岸线北进的不再是新的湖泊，而是农田。大量的移民进入涂地，筑堤御潮，引淡水洗盐，利用耐盐植物、蓄养鱼虾脱盐等农田改良技术，开发海岸带的滩涂地。

“三北平原”分属余姚、慈溪、镇海三县北部，故称“三北”。今天的三北平原主体位于慈溪市境内，另有少部分在今天的余姚市北部、镇海区北部。旧时，三北平原以洋浦和淞浦为分界，洋浦以西部分属于原余姚县，洋浦以东至淞浦属于原慈溪县，淞浦以东至伏龙山属于原镇海县。北宋庆历七年（1047）余姚县令谢景初征集万余工役，建筑海堤，自上林至云柯全长 2800 丈。上林为今慈溪樟树一带，云柯为今余姚历山一带。谢景初之后，有罗适、牛秘丞、汪思温、施宿等继续修筑。13 世纪时，杭州湾潮流动力发生显著变化，南岸潮流一度增强，曾出现海涂内坍现象。元至正元年（1341），余姚州州判叶恒将各散塘连成为一体，并把部分散塘改为石塘。大古塘的真正稳固，使海岸线得以稳步向北推移。在明代以前，海潮直抵大古塘下。原慈溪、镇海两县北部的大古塘以南地区，宋时设有鸣鹤、龙头两大盐场。明清时期，在风暴潮中的损失较明清之前明显增大。夯筑高标准的海塘成为政府和百姓所急需的重要水利工程。明代在大沽塘之北，陆续向北筑塘 5 道，其中建于永乐初年的新塘基本贯通。新塘又称“二塘”，以区别于大沽塘而名。这些塘到民国时期或成平陆，或变河道，塘身具体形貌已经不可考证。到清中叶时，横跨宁绍平原北部的海塘全部建成石塘，三北海塘基本与萧绍海塘、百沥海塘、上虞海塘连成一线，成为清代宁绍平原御潮的宏伟屏障。

为更好地抵御潮水、拒咸蓄淡，实现“海晏河清”，兴筑海塘的同时往往要修筑堤堰碶闸等相关水利设施以作配套，并随地形高低开排备塘河等水网，将海水和咸潮排出。广泛流行的方法为“备塘法”。海塘内侧建有内河，称“备塘河”，一旦海塘决堤，或特大潮汛袭来，咸潮侵入海塘，备塘河蓄存咸水，待潮去排泄出海。挖河所取之土，则在河内侧再堆成一条土塘，称“土备塘”，作为第二道挡御咸潮的防线，以保土地不被海水浸渍而盐碱化。

从秦汉到唐，镇海先民从翠屏山东麓向镇海县城高地不断迈进，最终将镇海县城高地与翠屏山东麓联结起来。人们向南筑江塘以抵御甬江潮水泛滥，向北则筑海塘以抵御杭州湾口灰鳖洋海潮侵袭。平原在一道道海塘的推进中，不断扩展。唐宪宗元和四年（809），在甬江口建望海镇，属鄮县，这是镇海建治的开始。

唐代乾宁元年（894）之前，以巾子山为依托，开始建后海塘以防御潮汐侵入，保护人民安居乐业。最终镇海城形成三面环水、东北临招宝山这一揽山环水的格局。清代胡湜《蛟川竹枝词》描写镇海“三面波光拥一城，江潮时共海潮生。人家住在潮声里，半是风声半雨声”。镇海段海塘西起岚山东至招宝山，中间有巾子山相隔，分为两段。从岚山至巾子山段为万弓塘，其中从岚山至俞范段旧称“灵绪塘”，后称“万弓塘”，修建于宋嘉定十五年（1222）；俞范以东，称“镇海后海塘”，其中一大段与镇海城相结合，始筑于唐乾宁四年（897）。清末民初，万弓塘外陆续修建大小北浃塘、楼家塘、刘家塘等6至7道，万弓塘成为内塘。

天台山横贯穿山半岛入海，在鄞东走向金鸡山的山脉古称“长山”，长山之南与东去的天台山间形成一个滨海平原，称“大碶平原”，在唐宋时为东海滩涂。平原上有泰河、璎珞河、芦江河三条河，合称为“岩泰河水系”。北宋时，鄞县县令王安石命令劈山开河，筑二十里长塘，史称“王公塘”。王安石筑穿山碶治芦江，截流蓄淡，其旁又筑海堤，后称“荆堤”，后延伸为王公塘。明嘉靖四十一年（1562），邑令何愈发民筑千丈塘，全长四十里，将陆域向北延伸近十里，俗称“一万三千亩泰邱涂田”。沿塘建有杨家碶、贝家碶、小山碶、通山碶等。其中长山碶规模最大，为五眼碶，故俗称“大碶”。璎珞河延伸至长山碶。芦江与璎珞两河连通，成为北仑重要的内河航道。

穿山半岛南麓濒临象山港，象山港不因港区狭长半封闭，而滞缓水体交换。外海水由下层入侵，再涌升随潮落流由上层外泄，所以港内水体不断更新，大约每半个月一次。象山港海域平均冲淤幅度很少，港湾边界基本稳定不变，水道主槽长期稳定。在宋元时，象山港东端一带因潮汐作用，逐渐生成陆地，始设乡治。元末明初，瞻歧大嵩街村一带浮露出狭长土地，山居百姓下迁沿江而住。在大嵩所城筑成以后，大嵩成为一沿海大镇。清雍正五年（1727），陕西蒲城人杨懿为鄞县县令，自蔡墩至舵艟兴筑土塘，长8786米，称老帑塘，又称老皇塘，并开五河建十七闸。雍正九年（1731），建成金鸡堰，灌溉农田2万亩，使得十年九荒的咸祥水利条件得到了彻底改善。至清末，又陆续兴筑了横山塘、咸安塘、咸宁塘、永安塘等17条海塘，形成现在的大半个大嵩滨海平原。海岸线向南推进到横山江一带，区域经济、政治中心逐步由大嵩转移到咸祥。穿山半岛南麓东端为奉化境，海塘多建在莼湖镇境内。

象山县三面环海，两港相拥，海岸线长800千米，约占全省八分之一。地形总体特征是丘多、山低、坡缓，山地面积为793平方千米，占总面积的70%左右，县内大多是200米以下丘陵。溪河流域面积较小，在20平方千米以上的水系有大塘港、南大河、淡港、西周港、下沈港、东塘河、樊岙港，最大的大塘港水系流域面积也仅为134平方千米。大塘港原为三门湾内港，1975年堵口蓄淡成河，长18千米，平均宽500米。降雨径流时空分布呈现自西北向东南递减，集中在梅雨、台风期间，为双峰型。尤其是台风季节，常常伴有狂风暴雨，因水系源短流急，独注入海，工程调蓄性能弱，而且河网密度低，潜伏旱涝灾害隐患，水资源开发利用困难。

半岛上平原散布于沿海地区。因山势矮小，腹地短浅，山前冲积平原面积不大，以丹城、白石、九顷、梅溪一带比较典型。由海湾促淤成滩，经过人工围涂而成，为海积平原，面积较大，主要分布在北部象山港、东部各海湾和南部三门湾。明成化十八年（1482），象山港南岸贤庠筑岑跳塘。清乾隆年间，贤庠、黄避岙一带已经有初具规模的围垦。以东部南庄平原和南部定山平原最大，历史上有“上八万（亩）”“下八万（亩）”之称。重要海堤有南庄平原海堤、西泽海堤、下沈海堤、定山平原海堤、金星石浦海堤、爵溪城墙等。海岛上有鹤浦海堤、高塘海堤、龙泉大塘等。建有朝宗碶、会源碶、灵长碶、秀才碶、贤昌碶、高平碶、会通碶等。所居百姓多来自温州、台州各县，以围垦、垦荒、捕捞等方式为生业。

象山半岛的南部为三门湾，沿岸有30多条溪流注入，以宁海境内白溪、清溪等较大。宋代开始，近湾滩涂逐渐围筑，如西筑西洋塘、东筑东洋塘、南筑下洋塘等，清代有总浦塘、东关塘、下塘等，近岸岛屿逐渐与陆地相连。

一、沧海桑田

三北平原的成陆过程在历史上呈加速度发展。从距今 5000 年的史前到北宋庆历七年（1047）大古塘的开筑，历时近 4000 年，海岸线仅向外延伸了 5.5 千米，海积平原面积 144 平方千米。从大古塘始筑至乾隆十七年（1752）利济塘（四塘）全面筑成，历时 705 年，海岸线平均向外延伸 5.15 千米，海积平原面积 330 平方千米。至 2011 年筑十一塘，历时 258 年，平均海岸线向外延伸 10.7 千米，约 24.1 年便向北推进 1 千米，海积平原面积 553.42 平方千米。

清代中叶筑塘发展极快，与钱塘江水流改道有关，杭州湾两岸出现北坍南涨现象，南岸海涂淤涨速度加快。至 19 世纪中叶已涨至今西三—庵东北—新浦镇新闸村—附海乡郑家浦村—观城镇高背山村—伏龙山西（即七塘）一线。每筑一塘，塘南即变成沃土，前塘就变为水陆通道。如万历《新修余姚县志》记载："今塘南田者，遇旱即夜穴塘引海沟水灌之……稍不足，则于并山颇高处为湖渠备旱，如新海湖及海湖，并取诸海地，修御潮塘，令高完于浦口，多张水门。春雨水溢，决使入海；秋冬筑之，以障潮汐。如此则塘北之地渐为沃壤，亩可万计，亩收一钟。"海塘修筑以康、雍、乾三朝最为突出。国库出资修筑海塘，动员人数在万人以上、筑塘千丈以上、耗资巨大的工程有十几次之多。

沧海化为桑田，引来人口的集聚。自南而北，以大古塘、潮塘、七塘为主，形成三条人口聚居的城镇带。一个个炊烟轻飘的耸立着马头墙的村庄迤逦延展，组成了动人的江南诗画图卷。大沽塘初成的北宋，迁入家族如温州乐清湖山黄氏、湖州安吉的上林莫氏、嘉兴的三山王氏等；两宋之交时，有山东龙山的大岙徐氏、河南商丘的雁门邱氏、陕西的龙场杨氏等，区域人口达到 10 多万。明清海塘稳固后，大古塘一带的市镇繁荣，如龙山、范市、沈师桥、观海卫、匡堰、浒山、周巷、泗门、临山等，到清初区域人口有 20 多万。至清嘉庆年间，五塘、六塘相继修筑，山阴、会稽、上虞一路东来的贫民纷纷前来垦殖，到 1949 年人口达到 50 多万。初始创业的移民大多从事盐业、农业生产，培育了艰苦勤劳、淳朴互动的民风与不畏艰难、敢于吃苦、勇于创业的开拓精神，他们各有个性又相互包容借鉴，盐碱之地面貌不断焕新，成为人间乐土。

海晏河清

唐涂宋地

千年塘堰话三北

自云柯而南，至于某，有堤若干尺，截然令海水之潮汐不得冒其旁田者，知县事谢君为之也。始堤之成，谢君以书属予记其成之始，曰：“使来者有考焉，得卒任完之以不隳。”

——〔北宋〕王安石《余姚县海塘记》

双河堰

历史上，三北先民在与大自然抗争的过程中，建成了一道道堰坝。它们是三北先民勤劳、勇敢和智慧的结晶，对于研究三北半岛的古代水利史有着重要的价值。北宋庆历七年（1047），谢景初任余姚知县。当时余姚杭州湾南岸百姓，苦于海潮肆虐。到任之初，就立即赴余姚北边勘查，从寒冬十一月起，他“亲以身当风霜氛雾之毒”，率领人民修筑海堤。次年，修建完成莲花塘，即今大古塘海堤。这是第一条有确切修筑年代的官修海塘。南宋庆元二年（1196），余姚县令施宿征夫役六千，修筑从上林至兰风大沽塘 4200 丈。施宿以为海堤事关重大，须慎于守护，除遣官兵逻察外，还置庄田 2000 亩，作为岁修费用。至元代叶恒时建成，海堤跨越临山、泗门、周巷、历山、浒山、观城、龙山，全长 60 余千米，位置大致在现在的 329 国道北侧，为当时规模最大的地方性水利工程。《余姚六仓志》卷五《海塘》记：“至叶恒所筑，则因旧为新，包山限海，绵亘为一，无复部分。”由于该塘的榜样作用，此后不久，慈北、镇北也相继建起了类似海塘，并衔接联成一线。元人陈旅《海堤记》记述百姓评价：“用民之力而民不知其劳，赋民之粟而民不知以为费。往往喜而言曰：‘余姚自今其有州乎！吾岁岁困于御海，自今其遂休乎！因运石以治川泽，遂得沃吾田，浮吾舟乎！’”

除了水利功能外，大古塘在历史上还发挥过军事作用。明洪武二十年（1387），信国公汤和在姚北大沽塘边建临山卫、三山（浒山）所，在慈北建观海卫，在镇北建龙山所。卫、所都有护城河和城墙的防卫作用。沿大古塘山丘之巅，置

双河堰

烽堠 20 余处，有的还设炮台，如历山炮台遗址一直保存到 1965 年。烽堠皆拨军守望，凡遇敌情，以日烟夜火相联络。此外还备战船巡逻海上。大古塘成为浙东沿海军事防御的要塞，使倭寇不敢进犯。大古塘的实体，至今已基本消失殆尽，但幸有不少地方留下了它的名字，如莲花塘路、大古塘路、大古塘河等地名。此外，当年沿塘路兴建的一批凉亭中，还有天医、朝北和淞浦等 3 座凉亭保存至今。

双河堰，又名“双河塘”，俗称“漾塘”，位于桥头镇烟墩洋塘自然村。双河堰是三北一带的内河水上交通中枢，也是慈溪、余姚两县百姓用于排涝、节流、灌溉的重要水利工程，为慈溪东河区与中河区的水位节制堰坝。堰坝呈南北走向，宽 3.3—5.8 米，全长约 960 米，南与东横河东端相接，北至镇龙闸，东西为烟墩洋塘。东河

双河堰

上连杜湖、白洋湖，下通鸣鹤、观城以东内河；西河西接东横河，下经洋浦入海。两河西高东低，水位落差约 0.5 米。历史上，慈溪、余姚界河，两县共用一河，因余姚地势高于慈溪，如遇连续暴雨，余姚上林之水泛溢，直淹慈溪鸣鹤等地，数万亩农田则一片汪洋，乡村农舍如同泽国，百姓屡遭水患侵扰。为使百姓免受水灾之苦，慈余两县共同创建了抗御性水利工程——漾塘，把一条大河自南向北分隔成东西两半。唐景龙元年（707），里人在漾塘南北建双河、洋浦两闸，以泄上林瀑水，双河之名由此而来。宋乾道九年（1173），里人曹闳倡率乡豪创建双河界塘 600 余丈，从此西流截断，水患扼制，鸣鹤之田遂为膏腴，农业生产频获丰收。清雍正年间，于双河堰北部设“双河木闸”（亦称“镇龙桥闸”）。清光绪三十二年（1906），旅日爱国华侨吴锦堂出资将双河堰再度修缮，改为石堤，两端驳以石坎，采用条石错缝平砌，上铺石板作纤道。

海晏河清

水润三北 十里横塘聚万家

好多年前，我是被夜航船的笃笃声惊醒的孩子中的一个。如果是夏夜，我会起身，攀着窗沿去看河中那艘扁黑的船，它走得很慢，却总是在走，听大人说，明天傍晚就可走到县城。县城准是大地方，河更宽了，船更多了，一条条晶亮晶亮的水路，再也没有泥淖和杂藻，再也没有土岸和残埠，直直地通向天际。

——余秋雨《夜航船》

古窑浦

古窑浦“五洞闸”，也称“老五闸”

大沽塘以北，大小河流都是在围垦过程中挖掘和疏浚而来，三北平原是中国最为宽广的人工河区之一。南北走向一般称“浦”，如淞浦、高背浦、徐家浦、半掘浦、水云浦、四灶浦，大多沟通杭州湾。古窑浦，南起掌起镇洪魏村，北抵古窑浦村北部的闸口入海。在宋庆元年间已置水闸，从大沽塘至海口，共2700余丈，下闸至新闸1800余丈，新闸至浦口900余丈，总计长5400余丈。早年的古窑浦是慈溪的出海主河道之一。现在古窑浦入海路径已改道到东面的淞浦十塘闸，古窑浦的原入海闸如今已废除。清康熙年间曾在全国设立4个海关，其中浙海关设在宁波，下设宁波、乍浦、温州三大口。三大口下又设15个分口，其中古窑港是三北地区唯一的口。当时的古窑浦口船舶云集，一派繁荣景象。古窑浦在抗日战争中续写了光荣的斗争历史。继上海沦陷

海防大队重要基地

后，浙东于1941年4月沦陷，日寇控制铁路、公路和海上航线，古窑浦就成了浙东海上出入的主要通道。古窑浦是三北敌后抗日根据地的海上门户，为革命根据地的发展壮大作出了重大贡献。

东西走向的称“河”或“江”，大多沿海塘而走，旧多为备塘河，如大沽塘河、四塘河、六塘江、七塘江、八塘江等。如东横河，始挖年代不详，最早可以追溯到西汉。唐景龙元年（707）在河上游建有双河闸。宋嘉泰年间（1201—1204）建匡堰闸、横河闸、石堰闸。明嘉靖十五年（1536），余姚县丞金诏浚深全河。这是浙东运河最重要支流之一，唐代的越窑秘色瓷，旧时慈溪的山货、棉盐、土特农产，都是靠东横河东来西往送到余姚、宁波。东横河滋育了繁荣的村镇。慈溪横河镇孙家境历史上进士代出，有“横河孙家境，官帽八百顶”之说。横河镇境内有一座著名的三孔石拱桥七星桥，如彩虹一般卧于东横河上。石桥墩柱上东西各有一对气势恢弘的楹联，东联为“明镜高悬辉腾两夹，长虹斜锁气吐三环”，西联为“七曜横波南境北镇，三台锁浪左川右泉”。大沽塘河开于明代嘉靖年间，光绪《余姚县志》列举大沽塘河作用：“开之而用以溉田，一利也；淫雨接旬，暴雨忽涨水有所泄，二利也；便舟楫，通转输，三利也；海上卒有警，长河之阻足备非常，四利也。”

红色通道纪念碑

抗日战争时期，党中央和毛泽东作出了开辟浙东抗日根据地的战略部署。中共路南特委、中共浦东工委组织武装力量，向浙东敌后挺进。1941 年 5 月，姜文光、朱人侠率“淞沪五支队”50 余人率先南渡杭州湾，在姚北相公殿段头湾登陆，并打响了三北敌后抗日第一枪；不久，浦东部队分批到来。三北渡口成为红色渡口。1942 年，浙东区党委和三北游击司令部先后在三北成立。抗日战争胜利后，为防备和制止大规模内战，中共中央制定了“向北发展，向南防御”的战略方针，包括浙江在内的 8 个南方解放区，将部队撤至陇海路以北和苏北解放区。1945 年 9 月中旬，北撤部队按预定计划，先后向东起慈北观海卫，西至姚北临山卫的三北沿海集结，待命北渡。30 日，浙东党政军领导机关发出《忍痛告别浙东父老兄弟姐妹书》。新四军浙东游击纵队与地方党政干部共 15000 余人先后在慈溪观城高背浦、崇寿四灶浦、相公殿、周巷英生街、余姚泗门大丁丘湾等地登船渡杭州湾北撤。如今在高背浦原北撤旧址上建有纪念碑亭“北渡亭”。

海晏河清

海国雄镇

三面环水的浙东门户

莫小候涛山，东来第一关。
风号连地震，潮涌啮城还。
海阔奔难入，江流到此湾。
蛟门天设险，领袖众峰环。

——〔清〕邵似雍《登候涛山》

后海塘

后海塘

镇海后海塘是镇海城一道挡风、堵水的护城屏障，唐代初修时为土塘，因“常有冲决之虞”，宋淳熙十六年（1189），县令唐叔翰改作石塘。参照前时钱塘江的模式，叠石筑塘602丈5尺，塘基9尺，塘面减半，斜面叠石11层，“仆巨木以奠其基，培厚土以实其基，镇万桩以杀其冲，石石相扣，状似鱼鳞”，但仍抵御不了飓风狂浪的冲击，多次溃塌。清乾隆十二年（1747）七月飓风大作，海塘又一次受到极大损坏。县令王梦弼通过实地调查，并借鉴浙江海宁塘的长处，亲自设计了双层石塘（夹层石塘）施工方案，牢固度高于海宁“用铁锔扣榫，用糯米灰浆靠砌”的办法。改建后的夹层石塘，位于巾子山以西险冲地段，全长576丈5尺。“顶尖脚阔如勾股状，直高二丈，筑出斜高三丈六、七、八、九尺不等，法用条石埋砌七道名龙骨，中铺大石六路名幔板，

后海塘

以横贯纵，幔土为塘，潮来抢担上下，敌浪之势较轻且缓，形式殊非可议”。海塘设计之精良，工程之浩大，为浙江沿海所罕见。这是浙江省内古代所建造最为优良的海塘工程之一。据《镇海后海石塘记》载，有“伐木于闽海，炼灰于富春，凿山运石于鄞、慈、定县，募匠于宁、绍两郡”。鉴于台风季节海潮巨浪往往从塘基翻越塘面进入城内，造成城内田舍损害，他又在巾子山至西城角段，施工兴建了全长 1300 米的“城塘合一”的新“城塘”。

澥浦是镇海北门的门户城镇，在唐代形成集市，宋代即是天然良港，《宝庆志县境图》在镇海城的东北角标注着澥浦港。旧时，澥浦有两座城，一是水陆管界巡检司城，在凤凰山南坡。依据民国《镇海县志》，宋嘉祐八年（1063），将原建在镇海县城东的水陆管界巡检司移置澥浦水

后海塘（旧影）

澥浦月洞门

陆管界巡检司。光绪《镇海县志》记载的城池为明洪武二十年（1387）信国公汤和建造。另一座城在澥浦古镇的南面小山之巅，光绪年间修建，在中法战争时为抗击法舰入侵而在山巅修筑，是镇海口海防遗迹之一。古时，在凤凰山与息云山二山之间有个隘口，是古泄洪道，建有澥浦闸，即现在的月洞门。澥浦月洞门原是澥浦入海闸门，始建于元明之间，曾是外海船只上岸的必经之地。旧时澥浦港船舶云集，桅樯如林。岸边有商行40余家，市况兴盛，甚至有“小宁波”之称。在清康熙后澥浦港渐淤，闸遂废，闸门成为月洞门。因船舶泊多，容易出现摩擦，产生纠纷，为了规范水上航运，于是将有关规章制度勒石，让各方共同自觉遵守。澥浦水运管理碑“奉宪勒石”，高2.5米，宽1.1米，厚0.15米，碑体完整，局部字体风化，残存888字，其中记录有“倪家堰

“奉宪勒石”碑

卡改为查验卡，专查外江绕越之货”“免捐之地，绘呈图说，画定界限，以内河外江分界”“图偷漏一经查获，照章议罚”等。记载了清光绪年间镇海内河航道货船的通行路线、关卡设置、免捐区域、巡查惩处等内河航运管理章程，印证了宁波运河与京杭运河在地理与功能上的相通相连关系。其中，碑文中关于“内河”和“外江”的相关界定和“检验卡”的设定方式与地点的记载，则是深入研究宁波运河航线构成的最为直接有力的实物资料。清代澥浦水运管理碑现存镇海区澥浦镇郑氏十七房，为至今发现的关于宁波水利航运的 4 通遗址碑之一，其他分别为位于全国重点文物保护单位庆安会馆内的清代甬东天后宫碑、位于全国重点文物保护单位天一阁东园游廊壁的元代庆元绍兴海运达鲁花赤千户所记碑、元代移建海道都漕运万户府记碑。

作为海路要津，镇海也是稳定浙东海疆秩序的重地，从南朝宋时就在浃口屯兵设戍。清代儒者惠士奇在其《防海》文中说：“防海之法，莫详于宋：有海军，有海船，有海道。”南宋为全面建设海上防御，设置沿海制置使司（也称沿海制置司）。定海水军是浙东境内规模最大的一支水军，隶属浙东沿海制置司，随制置司治所驻扎在定海。元末明初，海疆不靖，朱元璋下令“片板不得下海”，撤销市舶司，民间贸易遂告断绝。对于倭寇入侵，明代设立卫所制度，宁波府卫城如观海卫城、昌国卫城、定海卫、宁波卫等，所城如大嵩所城、龙山所城、石浦所城、钱仓所城、

镇海口海防遗址威远城

郭巨所城等。明朝除了在东南沿海设置最高文职浙直总督的同时，也设置了管辖浙江和南直隶两省的浙直总兵，主要驻定海县。镇守都督卢镗在招宝山上建筑城堡，“甃石成城”，此为“威远城”的开端。威远城规模较小，周长只有 200 丈，高 2 丈 2 尺，墙厚 1 丈，城上有堞口 167 个。明嘉靖四十一年（1562），海道刘应箕、知县何愈在城内建戍屋 40 余楹，并调兵戍守；又在招宝山麓西南筑靖海营堡，周 240 丈，建屋 40 余楹；并建炮台，置五千斤铁发贡炮四门；又于大浃口分布战舰，“以严扃匙”。威远城在明天启四年（1624）、清顺治十五年（1658）、康熙四年（1665）、道光十三年（1833）都有修缮，其中以康熙四年（1665）为最。除了威远城外，还有抗法战争镇海口之役前夕，在招宝山北腰增建的月城，还有包括安远、定远、镇远等一系列炮台。

“擎天鳌柱”碑

作为曾经的战场，镇海口海防遗址经历过其他关隘极为少见的“四抗”，即将领抗倭、抗英、抗法和抗日，涌现了戚继光、俞大猷、卢镗、林则徐、裕谦、葛云飞、吴杰等抗击外辱的民族英雄，成为中国人民不畏强暴、抗御外侮、自强不息的实物见证。威远城现存 11 通明清碑刻，有赞誉招宝山在海防中的地位与作用，如“撑半壁天”碑、“擎天鳌柱”碑、“海天雄镇”碑；有描述倭寇平定后海上太平景色的，如“海天清晏”碑、“天开图画”碑；有表示保卫定海决心的，如“永清四海”碑、“欧阳公防夷碑记”碑。这批明清碑刻整体保存较好。

后海塘也存有一批明代军事设施遗址，包括望海楼（明代军事指挥重要场所）、警铺遗址（用于哨兵值岗及放置军械、弹药之用）、瞭贼嘴（位于巾子山，是明代守军瞭望防御敌寇犯境哨所）、

望海楼

镇海口海防遗址炮台

古炮台遗址等。“城塘合一”的构筑模式，不但加固了海塘的牢度、高度，而且加强了军事防御能力，达到“筑塘以守民”和“筑塘以守边”的双重目的，在中国水利史上、海防史上非常罕见，对研究浙东沿海地区变迁、御潮防汛、古代军事防御设施构筑等具有很高的历史、艺术、科学价值。

二、面朝东海

宁波面向东海的区域开发较迟，多在宋代以后，以北仑柴桥、大碶平原为早，而象山港两岸及象山半岛涂地开发相对更晚。如象山，尽管在6000年前即有塔山文化，但历史上人口增长缓慢。宋乾道年间（1165—1173）始有记载，凡12304户、32962口；明洪武二十四年（1391）为11583户、44470口。清中叶以后，人口才迅速增加，清同治七年（1868）增至211955人；至民国二十四年（1935），全县54206户213498人。

这些区域的海塘建设在历史上往往未能得到政府力量的介入，民间自筹资金建设，前赴后继，有众多感人的故事。如奉化第一个筑塘御潮的人是五代时的布袋和尚，即弥勒佛的近世形象来源"契此"。明清期间为奉化新筑海塘最多时期，围垦农田数万亩。杨村肖家坎以祠堂设捐，由族长发起，兴筑海塘，得名为"肖家塘"，但相传肖家男丁全都死于筑塘，女人继业下海筑塘，可谓前赴后继。象山半岛西南定塘镇大塘区域，至今仍有五月廿七"麦糕会"习俗，是为纪念清嘉庆六年（1801）张贤均、辛茂林等"十八先贤"筹集钱粮，历时20余年建大塘围田1.5万余亩的事迹。受经济水平和技术条件限制，大多塘为土筑，坝体矮小、屡筑屡圮。象山人发明了一种"溜棍划泥"的方法运输海泥，建造海塘。溜棍划泥比肩挑手捧节省体力，提高工效，直到20世纪六七十年代还可以看到。

海晏河清

穿山入海
王公塘与穿山碶

辛巳，下灵岩，浮石秋（当作湫）之壑以望海，而谋作斗门于海滨，宿灵岩之旌教院。癸未，至芦江，临决渠之口，转以入于瑞岩之开善院，遂宿。

——〔北宋〕王安石《鄞县经游记》

穿山碶

穿山碶

这是王安石上任明州鄞县县令伊始写作的一篇关于水利调研的记录。王安石见“鄞之地邑，跨负江海”，“沟渠浍川，十百相通”，但官吏治理不善，致使水利失修，夏天十日无雨，众川之水就会干涸，百姓就会遭殃。王安石当即组织水利建设，各乡民众积极响应。他在石湫（今北仑区大碶街道石湫村）海口察看，发现这一带河道太窄，不利于排泄，于是主张开拓河床，在海滨建造石碶，这样既可蓄水防旱，又可开闸排涝，从根本上解决水患的问题。

穿山碶位于现在的北仑区柴桥街道穿山村和大湾村之间，穿山村西侧的碶头山，芦江水系的入海口。王安石凿通山岩，碶共三窍，阔 3 丈 6 尺，高 2 丈，“通”者“穿”也，故又名“通山碶”。据宋《宝庆四明志》载：“通山碶，县东南海晏乡，一百里。庆历七年荆国王公安石宰鄞时，凿山为

穿山碶王荆公纪念碑亭

之。”穿山碶截流蓄淡，改江为河，解决了芦江流域常年遭受海潮侵袭之苦，吸引百姓迁入，繁衍生息，成为鱼米之乡。北宋崇宁三年（1104），建立了范围包括长山、穿山盐区的清泉盐场。清乾隆年间（1736—1795），穿山盐场成为当地三大盐场产量之最。穿山半岛也因碶兴港。历史上老穿山港声名远播，是船舶避风良港，也是当地重要的贸易之地，兴盛了数百年。当时有“小宁波”之称的商埠重镇北仑柴桥，很多货物都是从穿山港出入的。清朝诗人姚燮写《穿山》赞道：“犄角连三县，鱼盐冠七乡。海潮通暗浦，天壁拓明堂。地到无垠绝，民知守业良。忽飘云外雨，槲叶共纷黄。”紫石社区紫华山上还有紫石庙祭祀王安石。在芦江入海口的东岸，原穿山碶所在地，建有重檐歇山顶纪念亭，亭内立碑有“穿山碶王荆公纪念碑记”。中华人民共和国成立后，穿山碶成五门，

穿山碶王荆公纪念碑记

继而又扩为七门。后因原河床过浅，泄水量不够，现在旧址外侧下移三四百米，建成十门新碶。

王公塘位于灵岩乡（今北仑区大碶街道），起于孔墅岭，自西而东横亘以阻挡海潮。王公塘建成后，北仑海涂变为南北两块弯月状的柴桥、大碶平原。其后石高塘、金公塘、千丈塘等，由南而北而建，均以王公塘为起点。王安石筑塘时期，正是护岸结构建筑材料及施工方法都有重大创新的时期。王安石创筑斜坡式石塘，用碎石砌筑，向海面砌成斜坡，其上再覆以斜立长条石，称为“坡陀石塘”。这种结构形式能有效削弱波浪的冲击力，使塘体稳定性比直立式海塘好，而且砌筑容易，并大大节省工料。这让筑塘技术又有较大的进展。后代人多推崇王安石的“坡陀石塘”，如明代成化十三年（1477），按察副使杨瑄在浙江海盐筑坡陀石塘 2300 丈，明嘉靖《嘉兴府图记·水利》说是仿照“荆公塘法”修筑的。历史上杭州湾南岸大部分海堤为坡陀石塘，目前也有很多海堤采用这种形式。坡陀石塘也有弱处，如斜坡堤占用土地多，波浪爬高较直立堤大，需较高的堤顶高程，而且护面经受不住强潮流的冲击，块石易剥落下来。于是人们又不断进行探索，创造了新的石塘。如元至正元年（1341），余姚州判叶恒修筑大沽塘时用木桩作塘基，加强粉沙土地基的承载力，并在石塘内坡与土体结合处，用厚一尺左右的碎石作为反滤层，塘基迎水面在寝木上置侧石，防止潮流淘刷塘脚。再如明嘉靖年间，杭州人探索出鱼鳞式石塘等。

海晏河清

海山仙子国
水利造就人间瀛洲城

蜒雨腥风骇浪前，高低曲折一城圆。
人家住在蓬瀛里，万里涛声到枕边。
金山铜瓦两相招，海唱渔歌山唱樵。
一路听来行缓缓，夕阳影里过仓桥。
北城流水碧潺潺，文阁岧峣傍两山。
步到岭头才一憩，斜阳已落女溪湾。

——〔清〕陈秉元《石浦竹枝词（选三）》

鹤浦大塘

文山塘坝

象山先民通过海湾促淤成滩、人工围涂开拓生存空间。南庄平原诸如长塘路、胡家碶、障川碶、朝宗碶等地名还留有围垦文化的痕迹。文山塘坝位于象山县茅洋乡文山村南面，邻靠蟹钳港，建于清代，为象山县内保存较完整的古塘坝之一。文山塘坝沿蟹钳港北岸呈曲线形分布，蜿蜒曲折。塘坝长 1700 多米，高 1.4—2.8 米，用乱石干砌。该塘坝集农业生产、养殖、防海潮、泄洪为一体，附属设施有碶门、埠头、古桥（黄家桥）。碶门位于塘坝中部，呈长方形，南北向，用乱石砌筑，闸门用石条做成。埠头位于塘坝中西部，剖面呈梯形，用乱石、石条构建而成，为旧时出海或通往泗洲头、宁海长街等地的主要津口之一。古桥位于塘坝西端，为一墩两孔石梁桥。文山塘坝作为浙江省为数不多的线形文化遗产，S 形分布起到了很好的分水作用，有效地缓解了海水冲击，

障川碶

体现了古代先民的智慧。

障川碶位于象山县丹东街道下余村门前涂自然村东南面东大河上，始建于民国十二年（1923），是象山三大河上唯一保存较好的古碶。民国《象山县志》记载："障川碶，《采访册》：今秀才碶下三里许新建碶，有碶夫一名，碶田五亩。案：民国十二年，里人张仁美、李久森等呈请县知事李芳建。"障川碶碶门由东西向四个碶门墩组成，碶门墩用条石叠砌，其南端两侧凿有双道闸门槽。墩上安置条石做桥梁之用，桥面由条石呈顺丁铺设而成。障川碶曾为象山南庄平原排洪灌溉发挥了重要作用，是象山县水利事业发展的见证物。新东大河开通后，障川碶所在东大河段就成为一段池塘，不再发挥水利作用。

朝宗碶，为南庄上洋三大古碶之一，原位于旧县城南5千米处，现仅保留遗址，在丹东街道

鹤浦大塘

大碶头村西南大河上。因该碶为诸汇之要，历代为朝中邑令重视，故名“朝宗碶”。据《象山县志》，朝宗碶始建于唐代。宋初，瑞龙寺僧曰蔡，伐木为闸，以时启闭。治平年间（1064—1067），县令林旦复修。元祐六年（1091），县令叶授始改石碶。绍兴七年（1137），县令宋砥再修。隆兴元年（1163），主簿赵彦逾重修，设碶夫 2 名，置碶屋于侧。明清、民国时期，曾多次修缮。此碶蓄南大河之水，并通东、西大河，是南庄上洋蓄淡大河之咽喉。1976 年南大河新河开成，碶随旧河段同时被废。

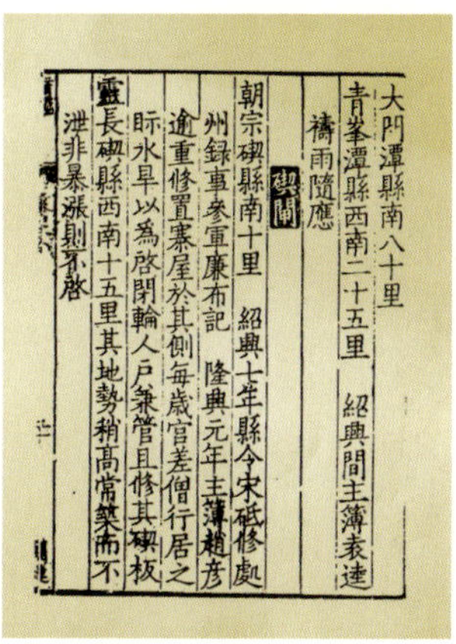

大門潭縣南八十里
青峯潭縣西南二十五里　紹興間主簿袁逵
禱雨隨應
碶閘
朝宗碶縣南十里　紹興七年縣令宋秖修處
州録事參軍康布記　隆興元年主簿趙彦
逾重修置寨屋於其側每歲官差僧行居之
眎水旱以爲啓閉輪人戶兼管且修其碶板
靈長碶縣西南十五里其地勢稍高常築而不
泄非暴漲則不啓

宋《宝庆四明志》记载的朝宗碶

乡村美景，有滕头称道世界生态；
都市俊颜，如霓裳飘袂绿野平川。
东线锦铺，似长卷挥洒；
新区棋布，若丽珠娇妍。

——杨东标《宁波赋》

时代潮涌

近现代以来，水文学、水力学、应用力学等基础学科的进步；工业生产的发展；各种新型建筑材料、设备、技术，如水泥、钢材、动力机械、电气设备和爆破技术等的发明和应用，使人类改造自然的能力得到极大提升。而宁波城市人口的大量增长，常住人口从 1949 年的约 250 万，到 1978 年的 458 万，及至 2021 年的 954.4 万；城市迅速扩张；经济发展方式不断转型，也对水利建设提出了新的要求。宁波人发扬红色水利精神，迈进有史以来建设规模最大、效益最显著的时期。宁波的水利面貌发生了巨大历史性变化，水利事业取得全面进步，许多水利工程闻名全国，甚至世界。

甬江流域的治理推开了宁波现代水利的宏伟篇章。1958 年 9 月，宁波在潮汐江余姚江上建造大闸，闸址东距三江口仅 3.5 千米，横刀断面拦截余姚江。这是中华人民共和国成立后宁波兴建的第一个大型水利工程，于 1959 年 6 月建成，百里余姚江从此成为平原水库。在 1962 年至 1964 年之间，又在余姚城区建造了皇山、竹山、郁浪浦、中舜江等 4 座节制闸，用于保证旱季时四明湖水库的来水能够较好地供应周边地区。1974 年，在余姚罗江方家渡余姚江支流慈江上建慈江闸。余姚江流域防洪灌溉初成体系。

宁波平原地带湖泊群在历史上大量减少，时代的进步与发展为改善人—水—地的紧张关系提供了条件。在集雨面积宽广的宁波南部山区掀起了一个大规模的造湖运动。山区地形起伏大，山高谷深，有利于建筑具有较大深度的人工湖泊水库。高山湖泊改变了平原湖泊群水浅面广的形态，也改变了宁波古代只有人工湖泊和小型陂塘的历史。以农业价值较低的大量山地换取农业价值较高的大片平原，从而最大限度地利用整个地区的土地资源。1952 年，宁波市内第一个水库象山丹城镇东谷湖水库动工。1955—1956 年，宁波各地掀起小型水利工程建设高潮。到 1956 年底，宁波共兴建小（一）型水库 1 座，小（二）型水库 98 座，均为土坝，坝高在 10 米以下。1966 年以后，水库建设技术得到提升，相继建设成一批建设难度较高的大、中型水库。

改革开放以后，在以经济建设为中心的大环境下，水利改革不断深入，从为农业服务转向为国民经济全面服务，水利建设由此走出农村，走向城市。尽管宁波降雨比较丰沛，但因流域水系自成体系、过境水量少，以及人口稠密等因素，导致人均水资源占有量较少。现阶段宁波人均占有地表水资源量为 959 立方米，属于用水紧张地区。大、中型水库的建设，增加了水资源储备量，对百姓生活与区域发展提供充足高质量水源的作用越来越突显。宁波高山水库群的建设走在了全域都市化全面展开之前。再者，因启动以富春江引水至萧绍宁、曹娥江引水供宁波的浙东引水工程，为蓄纳引水工程带来的淡水，慈溪沿着杭州湾海涂建造了四灶浦、郑徐、慈西等多个海涂水库。现在宁波全市水资源年均供给能力为 26 亿立方米，总体上能够满足各项用水需求，尤其是高质量地保证了民生用水，并改善了“南多北少、西多东少”水资源的分布不均与经济社会发展不协调的格局，构建起以三江河道为“主动脉”，以骨干排涝工程、引调水工程为“静脉”，以城乡河道为“毛细血管”的四通八达的水系，为宁波城市的转型发展提供了坚实的物质基础。

针对汛期洪水漫灌造成的洪涝灾害，宁波在甬江流域内通过构建“上拦、中疏、下排、外挡”体系，推进水利现代化。经过 70 多年的不懈努力，宁波全市形成了大、中、小水库结合，具有一定标准的防洪、灌溉、供水、发电、围涂、环保等综合效能的水利工程体系。宁波高山水库在蓄洪、灌溉、发电、供水上各有侧重，尤其在“上拦”洪水上的作用巨大。而平原、沿海建立河塘碶闸与海塘的主要目的之一即为防洪，即实现“中疏、下排、外挡”。“中疏”“下排”主要是疏浚河道、维修江塘、建造泵站，重点加固建设奉化江鄞州段，余姚江江北、鄞州和余姚城区段，县江、剡江等干支流堤防，重点实施余姚江东排江北段及镇海南支线、甬新河鄞东南沿山干河、北仑小浃江下游段、慈溪四灶浦、余姚陶家路江等河道整治，基本形成甬江流域排涝骨干河道框架。建成甬新闸、保丰碶、铜盆浦、新泓口和陶家路江泗门等应急泵站，这些“镇水重器”让困扰一些区域多年的积水问题迎刃而解。

而“外挡”主要指标准海塘的维修与加固。杭州湾、象山港、三门湾等中大型海湾，都是国内数一数二的大潮差区，也是处于浙江最常见的台风登陆线上。强风、暴雨和暴风潮三个因素组合容易引起综合灾祸，给濒海百姓造成极大的灾难。为抗拒强潮，1950 年，宁波市沿海群众掀起中华人民共和国成立后首次海塘大修。但由于条件限制，这些海塘在 1974 年 13 号台风产生的特高潮位下，受到严重破坏。宁波市改变以往有限资金“普降细雨”的办法，把资金集中起来，先修一批关键地段的标准海塘，并在宁海县的伍山塘进行试点。伍山塘长 5200 米，高 7 米，加防浪墙 1 米，面宽 3 米，外坡为直立式石磡。浙江省水利厅 1982 年在宁海县曾召开现场会议，推广伍山塘经验。到 1996 年，宁波全市建成标准塘 350 千米。至 2021 年，一线标准海塘总长度 545 千米，约占全省海塘总长度的 25%。宁波海塘安澜工程减少了灾害损失，有效保障了沿海人民的生命财产安全，拓展了宁波经济社会的发展空间，新垦的土地逐渐成为发展经济的黄金地带，促进沿塘产业集聚区、重要港口、开发区的高质量发展，加快聚焦港航物流、海洋经济等产业，为全面建设现代化生态型滨海城市提供有力保障。

建设生态文明，是关系人民福祉、关乎城市未来的长远大计。近年来，宁波全市以“五水共治”为突破口，倒逼经济转型升级，通过“美丽河湖”“生态河道”“水环境整治示范镇和村”等建设，已实现省级、市级、县级、乡镇级、村级五级河道“河长制”全覆盖。2017年，宁波顺利通过全国水生态文明城市建设试点验收。宁波供水节水走在全国前列，小型农田水利配套、喷微灌以及大中型灌区改造成为建设重点，涌现了“全球生态500佳”奉化市（现奉化区）滕头村为代表的一大批美丽新农村，保护了杭州湾国家湿地公园、韭山列岛国家级自然保护区等重要湿地。现在，宁波拥有全国水利现代化试点城市、全国水生态文明试点城市、全国智慧水利试点城市三块“国字号”招牌。宁波坚持标本兼治建设高品质的河湖生态体系、坚持集约高效建设高水平的供水保障体系、坚持融合发展大力保护传承弘扬水文化、坚持创新引领促进水利水务治理体系变化，取得了重大成绩，为推进“两个先行”、打造“六个之都”奠定坚实的水利支撑。

一、三江治理

甬江流域占到全市陆域面积的一半左右，集聚了宁波大多数的开发园区、大中小企业和居民。治理甬江流域，可以为城市保发展、保安全、保供水、保生态，意义重大。根据甬江流域的生态空间特色，宁波在水生态总体布局上着力构建“三大分区、四大民生、五大体系”格局，努力打造山、江、河、湖相结合的美丽港城。“三大分区”为山区水源生态涵养区、平原水网系统循环区、三江钱湖文化风景区；“四大民生”指通过治水达到“水和安民、水净惠民、水美亲民、水韵扬民”的功能；“五大体系”指水管理体系、水安全体系、水资源体系、水生态体系和水文化体系。从 1996 年开始，宁波出台条例，把甬江、奉化江、余姚江河道管理纳入法治化的轨道。

由于潮汐引起的冲淤变化、河床与潮流量不平衡，以及上游来水及三江之上水闸等多种因素影响，甬江干流航道淤积，水深变浅。甬江主航道常年通过疏浚维护，保持通航水深。至 20 世纪 80 年代中后期，甬江入海口航道水深明显改善。如今的宁波港，由市内老港区、北仑港区、镇海港区、大榭港区和穿山港区等组成，集内河港、河口港和海港于一体，与世界上 100 多个国家和地区的 600 多个港口通航。

时代潮涌

春江潮回

姚江大闸的建立

姚江建闸第一期闸基工程的第一段任务，在三千余民工的辛勤劳动下，用七天时间完成了需要十天时间的盖房、筑路、打桩、平塘等工作任务。

——1958 年 10 月 21 日《宁波报》

姚江大闸（1959 年）

姚江大闸

姚江大闸在老宁波人心目中，一直享有极高的知名度。一是因为它坐落的位置，现已位于城市中心了；二来经历年改造提升，现在的姚江大闸颜值很高，堪称一道宁波城市的风景线；还有更重要的一条是，当年姚江大闸建设施工时，有许多市民以不同名义亲身参与过，为其挑过土、推过车、出过力、流过汗。

姚江大闸是一项有故事的水利工程。早在1932年，时任鄞县县长的陈宝麟就曾计划让余姚江河口改道，建碶闸以阻咸蓄淡，但因经费欠缺及战争等原因，最终未能付诸实施。中华人民共和国成立后，党和人民政府高度重视余姚江水利工作。1950年，浙江省水利局首次派测量队测量余姚江带状地形图及干、支流纵横断面图。1954年，宁波专署会同余姚、慈溪县组成“余姚江流域水利规划委员会”，对余姚江流域进行全面查

姚江大闸

勘，初步制定了余姚江流域水利规划，提出在余姚江下游造闸的计划。但是由于当时条件不足，要根治这么一条大江，兴建这么重大的工程，还是心有余而力不足。1958 年 5 月 19 日起，宁波各地陆续断雨，干梅连夏旱，连续干旱 96 天，咸潮上溯至丈亭，余姚江沿岸的农田受到严重威胁，有 134 万亩早稻、60 万亩棉花受旱。鉴于上述危机，中共宁波市委很快形成共识，研究决定在宁波市北郊距甬江三江口 3.3 千米处利用弯道取直建闸，阻咸蓄淡。市委的决定很快就付诸实施，8 月下旬组建成立了“宁波专区余姚江建闸工程指挥部”，指挥部由宁波专署、余姚、慈溪、镇海及市郊相关单位派员组成。1958 年 9 月 11 日，大闸工程动工，广大干部、技术人员和 1.8 万余名民工经过 9 个月的日夜奋战，克服重重困难，共完成 147.2 万土方、8.47 万石方、0.3744 万砼

姚江大闸

方的挖掘、搬迁、砌筑、浇捣，开挖了长 1240 米、底宽 190 米的新河道，填堵旧河道 300 米，完成土石方 190.4 万立方米，使河道变直，代替原来 7240 米的大弯河道，于 1959 年 6 月顺利完成姚江大闸主体工程的建设。

当时没有大型工程机械设备可用，几乎全靠肩挑手提等最原始的工作方式，以及施工者们一股忘我的精气神，顶酷暑、冒严寒、披星戴月完成了当时宁波史无前例的最大水利工程。“大伙儿历经千辛万苦，赶在 7 月建成，就是为了向党的生日献礼”，一位姚江大闸的首批建设者说。正是因为他们发自内心对祖国的爱，克服了时间不足、技术不够、材料短缺等困难。据《宁波水利志》载：“余姚江闸位于宁波市江北区弯头。闸上集水面积 1748 平方千米，按重现期 20 年一遇日净雨量 130.7 毫米 3 天排出，设计过闸流量

姚江大闸

725 立方米每秒。闸身全长 165.2 米，闸门 36 孔，每孔宽 3.3 米，总净孔径 118.8 米，闸孔净高 4.4 米，中间 2 孔升高作过船孔。闸底高程 -2.87（85 高程）米。桥面高程 5.5 米，主车道宽 7 米……因集水面积大，复蓄指数高，52 万亩农田灌溉水量得到基本保证，中下游农田免除咸潮入侵，江道渠化，水位相对稳定，有利航行。”姚江大闸建立后受益农田面积达 148 万亩。

姚江大闸镌刻着独具风格的时代烙印，承载着浓郁浑厚的文化底蕴，展现了宁波市工程文化与流域治理的有机融合，成为一座见证新中国水利事业发展的雄伟丰碑。大闸在建设和管理中形成了“艰苦奋斗、开拓创新、精益求精”的大闸精神，激励着一代代水利人续写华章。近年来，这里先后布设建成“建闸 60 周年”展廊、宁波市节水教育基地、“宁波水利成就”展廊，成为宣传的窗口。以姚江大闸为重点，同保丰碶、化子闸、甬新闸形成了兼具工程文化、党建文化、节水文化、闸室文化、治水文化的水文化、精神文化于一体的具有宁波特色的闸泵文化体系的水文化研学游精品线。姚江大闸 2019 年被评为“70 年宁波 70 大时代地标”，2021 年 7 月入选浙江省十大最美水利工程，2022 年 1 月被评为浙江省第一批水工程与水文化有机融合典型案例。

时代潮涌

江河新颜

三江六岸文化工程

三江是宁波的母亲河，是宁波地域生态体系的重要组成和骨干，承载了宁波城市“商、港、水”的文化精髓，传承了宁波以港兴市的历史文脉。

——2014 年宁波市规划局发布的《宁波三江六岸拓展提升总体规划》

三江口

东部新城

奉化江

宁波以水为脉，拥江而兴。从城市发展的历史看，“三江”是宁波中心城市空间的纲，“水”是宁波城市的魂，“六岸”是城市经济发展的腹地，三江水系功能的演变是城市发展的重要源动力。1980年以前，宁波城市空间形态围绕三江口聚心发展，并沿三江蔓延生长，逐渐形成海曙、江北、鄞州三大区域，传统中心城区的总体轮廓基本确立，传统城市生活功能和生产功能在三江区域混杂并存。1980—2010年是滨海时代，随着国际贸易和船舶大型化的发展，临港大工业和出口加工业逐渐兴起，宁波对外经济联系程度不断增强，原有以三江口为核心的内河港口运输已不能满足城市经济社会发展需求，内河港向水深条件更好的河口港、海港转移。这一时期宁波城市工业逐步向北仑和镇海的滨海区域集聚发展，城市空间形态呈现组团相向的生长状。城市生产和生活功

余姚江

能逐渐分离。2010年以后是江海联动时代，随着新型城市化和海洋经济战略的深入实施，宁波城乡融合和海陆一体的发展进程加快推进，三江水系景观功能日益凸显，三江六岸区域成为宁波中心城区海曙、鄞州、江北、镇海、北仑等相向融合发展的最佳空间载体。这一时期，宁波城市发展重点主要沿甬江河段、余姚江、奉化江景观带和城市轨道交通线延伸拓展，城市生活功能和生产功能将实现高度融合。

为使“三江六岸”真正成为“市民之江、城市之脉”，打造安全、生态、智慧、人文的三江母亲河，宁波市从全流域总体层面加强对“三江六岸”的开发建设统筹协调，2014年12月15日，市政府批复《宁波市三江六岸拓展提升总体规划》。规划范围从“大三江”空间统筹着眼，从城区范围拓展到余姚江和奉化江的外围流域段，涵盖整

三江口

个三江流域。打破原有行政管理条块分割的限制，统筹规划，整合利用水资源、水文化和自然景观资源。其中，在水系安全治理上，提高蓄洪、滞洪、行洪能力，保障城市安全，并建构以三江、三江支流为核心，串联周边自然生态资源，形成多层级城乡绿色生态景观体系，并逐步引导滨江空间发展由外延式扩张转变为内涵式发展，促进沿江各类功能从以服务产业为主的功能向以服务“人”为主的综合功能转化。三江流域历史文化资源逐步得到深度挖掘、保护、创意与重构，滨江的历史街区、街道和建筑物得到保护、复兴与活化，特色城镇、美丽乡村得到发展。沿余姚江、甬江自西向东，前洋电商产业园、奥体产业园、梁祝爱情小镇、湾头 RBD、宁波音乐港、老外滩城市门户等功能区块，沿奉化江向北滨江绿带、舟宿夜江、三江口公园、宁波书城、宁波文创港、宁波智慧园等，将“三江六岸”串珠成链，呈现出一派江南水乡与现代都市水乳交融的更宜居、更宜业、更宜游的和美景象。

二、高山湖泊

水库作为水利工程体系的重要组成部分，在防洪、供水、发电、生态、灌溉等方面发挥着巨大作用，社会和经济效益明显。至 2021 年，宁波市现注册登记的水库有 398 座，其中大型水库有 6 座、中型水库有 26 座、小型水库有 366 座。这些水库如明镜一般镶嵌于四明山、天台山间，集中在余姚、奉化、宁海、象山、鄞州等地。6 座大型水库分别为白溪水库，库容 1.684 亿立方米，最大坝高 124.4 米，电站装机容量 1.8 万千瓦；亭下水库，库容为 1.515 亿立方米，最大坝高 76.5 米，电站装机容量 4000 千瓦；四明湖水库，库容为 1.227 亿立方米，最大坝高 16.85 米；皎口水库，库容为 1.2 亿立方米，最大坝高 68 米，电站装机容量 4800 千瓦；周公宅水库，库容为 1.118 亿立方米，最大坝高 125.5 米，电站装机容量 1.26 万千瓦；横山水库，库容为 1.108 亿立方米，最大坝高 70.2 米，电站装机容量 5000 千瓦。

总体来说，宁波单个水库规模普遍不大，6 座大型水库总库容不足 8 亿立方米，其中库容最大的为白溪水库。26 座中型水库总库容 7.8 亿立方米，最大的为西溪水库，其中 4000 万立方米以上的有 5 座，2000 万—3000 万立方米的有 11 座，不足 2000 万立方米的有 10 座。

水库所在地附近散布着众多古村，山谷间古道纵横、清溪流淌、如诗如画，成为人们向往的旅游胜地。亭下水库大坝在溪口镇上游 7 千米处，为奉化溪口国家级重点风景名胜区的组成部分。秋冬时节，四明湖、三溪浦水库等湖滩的水杉林一片火红，成为宁波人气最旺的红杉欣赏地之一。通过水利、旅游、林业、农业的水资源综合开发，实现了水利经济的可持续发展。

时代潮涌

青山叠翠
东谷湖水库与五婆湖水库

关于农林渔牧业：在一切已彻底实现土地改革的地区，人民政府应组织农民及一切可以从事农业的劳动力以发展农业生产及其副业为中心任务，并应引导农民逐步地按照自愿和互利的原则，组织各种形式的劳动互助和生产合作。……应注意兴修水利，防洪防旱……

——《中国人民政治协商会议共同纲领》第三十四条

五婆湖水库（宁波市慈江灌区管理服务站提供）

东谷湖水库（摄影：徐伦霞）

中华人民共和国建立初期，由于连年战争，水利工程设施失修，水旱灾害严重，成为摆在新生人民政权面前的当务之急。面对复杂形势和种种考验，中国共产党迅速制定了一系列水利方针政策，领导全国人民开展了大规模的水利建设，促进了农业生产的迅速恢复，也保障了国民经济的初步发展。1952 年，象山丹城镇东谷湖水库动工，库容 35 万立方米，坝高 7.2 米，可灌溉 460 余公顷良田。这是宁波市内的第一个水库。1955—1956 年，宁波各地掀起小型水利工程建设高潮。第一个小（一）型水库，即大于 100 万立方米的水库，为 1956 年冬天建成的五婆湖水库，库容量为 153 万立方米。五婆湖水库建设时地属余姚妙山乡，现位于江北区慈城镇五湖村，形状如大拇指，指尖所指的方向通往慈城最美乡村毛岙村，主要功能是为当地提供灌溉、养殖用水等。

首座中型水库，即大于1000万立方米的水库，为1955年底动工、1956年10月竣工的宁海长街车岙港水库，库容量为1270万立方米，这也是浙江第一座堵港蓄淡工程。1957年冬，镇海兴建的新路岙水库是第一座坝高超过20米的中型水库。

时代潮涌

十里烟波

最美四明湖

四明山下筑水库，可比银河下山坞。
倾盆大雨不受洪，旱来湖水满田流。

——四明湖建库时的宣传诗

四明湖水库

四明湖水库

随着生产资料所有制的社会主义改造完成，农业生产合作化得以在全国基本实现。在党中央制定的《全国农业发展纲要》的鼓舞下，全国农村的水利化建设又出现了一个新的高潮。特别是1958年农村人民公社的普遍建立，使大型水利工程能够统一规划、统一部署，劳动力资源能够打破原来的县乡区划局限，实现大协作，这就进一步促进了全国的水利建设。新中国水利建设史上的许多大工程、大建设，大都是在这一时期完成的。1957年12月，中共宁波市委召开会议，研究贯彻《全国农业发展纲要》，号召在1957年

冬至1958年春开展大规模的兴修水利运动。各县纷纷号召“书记动手，全民发动，大办水利”，两三年间共动工兴建大大小小水利工程上万处。余姚江水系的四明湖水库就是兴建于这一时期的一项大型水利工程。于1958年10月动工；1959年堵口；1960年开始受益；1970年，四明湖大坝主体工程完成；1977年进行保坝工程，并增辟溢洪道等；至1989年全部完成。四明湖水库，总库容1.227亿立方米，灌溉面积43.4万亩。这样一个库容，在当时“前无”先例。万名民工上阵，一天24小时三班倒。工地红旗招展，决心书、

四明湖水库

竞赛书、口号、标语到处可见。民工公社组团、管理区建营、大队建连，分地段、定线路、争速度、求高效，你追我赶，相互鼓劲。为提高工效，各团部办起木工厂，赶制各种车辆；铺造运土大道，铺木轨钉竹条，搭起“土火车路”；在取土场，利用地形坡度搞滑杆运土。在余姚市委党史研究室研究整理的史料中，记录下了这样一组数据：有轨无轨牛拖人推四轮两用卸土车 1200 辆，各式手拉车 730 辆，大小木滚筒 15 只，木轨道 9500 米，木夯 20 只，煤铲 200 把，土箕 7000 双；还有自制土硝炸药，木材 442 立方米，毛竹 6 万斤，钩子 4800 只，铁圈 2400 只，铁钉 720 公斤。四明湖水库配套工程灌溉总干渠长 10.5 千米，底宽 13.5 米，水深 2.5 米，流量每秒 20 立方米，途经上虞永徐乡入肖东乡沈湾村至凤凰山，连接城南、马渚干渠。

时代潮涌

深峡出平湖

皎口水库、横山水库和亭下水库

云接坝顶九天外，横锁双蛟永无患。
志如钢铁开金石，气冲霄汉挽巨澜。
三伏炎夏何所惧，数九严寒不畏难。
战天斗地炼壮志，更描锦绣好河山。

——方诗万《更描锦绣好河山》

横山水库（宁波市水库管理中心提供）

皎口水库（宁波市水库管理中心提供）

皎口水库（1972 年）（宁波市水库管理中心提供）

这是一首描写建设皎口水库的诗歌。坐落于海曙区章水镇的皎口水库是治理奉化江流域灾害的大型水库之一，位于奉化江支流樟溪上游大皎、小皎两溪相汇合处的蜜岩村。1952 年最初提出皎口水库的动议，1968 年 10 月省批准建设，1970 年 5 月开工，1973 年 5 月大坝封孔蓄水，1975 年 1 月大坝竣工，1980 年 6 月坝后电站 3 台机组全部投入运行。水库以防洪、灌溉为主，结合供水、发电等功能。在没有皎口水库之前，鄞西平原一带因地形条件、流域特征等因素，历年水旱灾害频发。《皎口水库志》中，有一段当年水库工地党委书记李宗耀写的序言，对其作出了客观的评价："鄞西地区，历史上虽有王元暐、储仙舟、虞大宁、吴潜、沈继美、段光清、张申之等一批治水先贤，在鄞江水道、鄞西平原有筑堰、置碶、浚湖、治河等丰功伟绩，但终因时代的局限，

亭下水库（宁波市水库管理中心提供）

无力彻底整治水患。特别是宋政和年间广德湖废弃后，鄞西地区灾患连年，无岁不旱。1949 年后至皎口水库兴建前 19 年，就出现过 11 年干旱、5 年洪涝，其中有 5 年是先旱后涝。所以，鄞西人民一直流传着‘儿要亲生、田要东乡’的俚语。皎口水库建成后，才改变了这一延续几百年的观念。”

横山水库、亭下水库也位于奉化江流域，兴建于 20 世纪六七十年代。横山水库位于奉化江支流县江上，坝址在楼岩乡许家村。在 1957 年到 1959 年曾动工兴建，后因故暂停。1963 年 11 月复工，1966 年 9 月建成。亭下水库位于奉化江主流剡江之上，坝址在溪口镇上游 7 千米处。1977 年开始施工准备，1983 年 5 月大坝封孔蓄水，1984 年 4 月电站建成。两座水库都是以防洪、灌溉为主，结合发电、供水等综合利用的工程。

亭下水库（宁波市水库管理中心提供）

三、流域跨调

早在20世纪六七十年代，水利专家便提出“浙东引水梦想”，即“把富春江水引向绍宁平原及舟山海岛”。1971年，浙东引水工程提上议程。经多次规划论证，确定了以富春江引水至萧绍宁，曹娥江引水供宁波，大陆引水至舟山，形成分源配水、分质供水的水资源配置格局。2003年，浙江省委、省政府把解决浙东、浙北地区的缺水问题提上议事日程，并抓紧进入实质性启动阶段。浙东引水工程立足钱塘江、曹娥江、甬江流域整体和水资源空间均衡配置，克服跨流域调水、跨地区建设、强涌潮冲击、长距离海底管道穿越、深基坑施工等一系列难题，是一项经济社会可持续高质量发展的战略性举措。工程干线总长323千米，由萧山枢纽、曹娥江大闸、曹娥江至慈溪引水工程、曹娥江至宁波引水工程、新昌钦寸水库、舟山大陆引水二期工程等6项骨干工程组成。萧山枢纽工程为起点，通过该工程引富春江水到绍兴曹娥江。曹娥江大闸是国内第一河口大闸。2005年12月30日，曹娥江大闸枢纽工程开工。曹娥江至宁波引水工程是浙江省内最大的集引排功能于一体的综合水利枢纽；舟山大陆引水工程打造了国内海底钢管线路最长、口径最大的输水工程。18年砥砺创新，工程攻克了一系列世界级难题，成就了今天的“浙东水网”。该工程年引水8.9亿立方米，惠及杭州、宁波、绍兴、舟山4个市、18个区（县、市）的1750万人口，破解了浙东地区缺水难题，重构了浙东经济发展水脉，改变了浙江经济发展的格局，擦亮了浙江共同富裕的鲜明底色。

考虑到宁波市降水时空不均、水库分布位置分散不均、蓄水规模较小、输水线路较长、部分水厂单一水库供水等现实情况，宁波遵循“空间均衡”思路，提出了区域版的“南水北调”“西水东调”规划，探索了一条联通境内外水源工程，从而进行联合调度的水资源开发利用捷径，有效解决水资源利用效率不高、水源应急保障能力不足等问题。钦寸水库工程打开了宁波和新昌水利工程互惠共建的先河，作为宁波最大的境外引水工程，钦寸水库每年可向宁波供水 1.26 亿立方米。

时代潮涌

一江春水向东流

曹娥江至宁波引水工程

山如碧浪翻江去，水似青天照眼明。
唤取仙人来住此，莫教辛苦上层城。

——〔北宋〕王安石《泊余姚江》

余姚江

余姚江

余姚江

曹娥江至宁波引水工程分为引曹北线与引曹南线。曹娥江至慈溪引水工程（引曹北线）是缓解宁波市北部余慈地区水资源短缺的重要工程。工程从上虞三兴闸取曹娥江水，流经上虞虞北河至余姚浦前闸，再分别从余姚的四塘横江和七塘横江与慈溪的三塘横江和八塘横江对接引入慈溪境内，解决上虞、余姚、慈溪三地沿线的工农业生产用水和环境用水问题。引水工程干线总长89.2千米，余姚段河道39.7千米，慈溪段河道26千米。2012年全线建成，2014年6月实现常态化引水、通水。郑徐水库作为浙东引水工程中的一个重要节点，是曹娥江引水工程的主要接纳体，调蓄年引水总量达2.4亿立方米的境外来水。库区内水体不仅可供应工业用水、农业灌溉用水及河道环境用水，还能置换出优质水源，实现优水优用。

余姚江

引曹南线从曹娥江右岸的梁湖取水枢纽，从曹娥江引流至余姚江的入口，位于绍兴市上虞区梁湖街道大厍新村和古里巷村之间。其后南线走向与余姚江一致，到达宁波，年引水量 3.19 亿立方米，含舟山 1.27 亿立方米。2019 年 12 月，梁湖闸通水验收，引曹南线基本具备了通水条件。2021 年 6 月，曹娥江至宁波引水工程（引曹南线）试运行，标志着浙东引水工程全线贯通。引曹南线不仅缓解了宁波工业供水需求，保障了北仑、镇海片区的工业用水以及海曙江北沿岸的工农业用水，还缓解了舟山居民用水。也就是说，现在流经宁波城区的水，其中含有富春江和曹娥江的水。当年王安石等乘船往来、写下多情诗作的浙东运河，已经成为当代的引水工程重要组成部分，这也是人类改变自然的杰作。

水库“朋友圈”

钦寸水库与宁波水库群联网联调工程

创新务实，潮落潮起，为民的服务是水利意义。新时代水利我们在一起，忠诚、干净、担当，只争朝夕。科学，求实、创新，活力，水利人建功立业，筑牢根基。

——张益魁《新时代水利之歌》

钦寸水库（宁波市水库管理中心提供）

周公宅水库（宁波市水库管理中心提供）

2015 年开始，宁波推进水库群联网联调西线工程，率先进行联网的是位于宁波西面的亭下水库、周公宅水库、皎口水库、溪下水库和在建的境外引水工程钦寸水库及其引水工程。钦寸水库坝址在绍兴市新昌县新林乡钦寸村，是浙江省“十一五”水资源保障百亿工程，设计总库容 2.44 亿立方米，总库容为绍兴市、宁波市已建成水库之最。钦寸水库通过 28.9 千米长的隧洞把水引到宁波市的亭下水库，2019 年 9 月输水隧洞通水试验，2020 年 5 月正式向宁波输水。

宁波水库群联网联调工程是国内开创性的水利工程。联网互通之后，水库群形成一个“朋友圈”。其中，任何一座水库出现“水多、水少”情况，都能从其他水库获得支持，几大水库相互帮衬，联网联调，提升了水资源利用效率和应急保障能力，从而形成“一盘棋”的大宁波供水体系。

周公宅水库（宁波市水库管理中心提供）

白溪水库（宁波市水库管理中心提供）

与各水库分散供水相比，每年可增加优质原水供水能力3500万立方米左右，这相当于为宁波新建一座中型供水水库。水库群联网联调（东线）工程主要包括白溪水库引水工程、横山水库引水工程、横溪水库至东钱湖水厂引水工程等，将西溪（黄坛）、白溪、横山、梅溪、三溪浦几座东线的大中型水库进行串联供水。东线、西线两线并行。目前，通过江东水厂实现联通，从而使宁波12座水库及钦寸水库“心连心”。东钱湖水厂和桃源水厂是宁波主力水厂，日供水能力均达到50万吨，而且都是建在城市外围的高差50多米的山地上，利用地形高差向城市供水，形成了“费省效宏”的原水管网智慧工程。

白溪水库（宁波市水库管理中心提供）

四、三湾新篇

杭州湾、象山港、三门湾是宁波的三大海湾。杭州湾是钱塘江入东海形成的喇叭状河口湾，内界为钱塘江河口线，外界为上海浦东芦潮港闸与甬江口外长跳咀连线；区域滩涂淤涨速率大。余姚、慈溪、前湾新区、镇海的杭州湾沿岸区域，城市化程度高，人口密集，交通便捷，经济发达，是浙江省特色先进制造业基地和滨海生态保护区。象山港位于穿山半岛与象山半岛之间，通过青龙门、双屿门和牛鼻山水道与外海相连，是一个由东北向西南深入内陆的狭长形半封闭型海湾；水域总面积 563.3 平方千米，港域横贯象山、宁海、奉化、鄞州、北仑五区（县、市）。海岸线曲折，港中有港，港湾内有西沪港、黄墩港和铁港 3 个支港。象山港海洋生物、生态、渔业、岛屿等资源丰富，具有“港、渔、涂、岛、景”的资源优势，但生态环境比较脆弱。三门湾湾口东起南田岛（牛头山）金漆（七）门，西至坡坝港牛头门，南部至湾北底部泗洲头，东、北、西三面环山，深割象山半岛的南部海岸，是曲折度较大、地形复杂的海湾。岳井洋、胡陈港、历洋港等伸入大陆，构成了独特的港湾淤泥质地貌。区域环境承载力和自净能力相对较强。

三湾链珠，全域统筹。中华人民共和国成立以后，余姚、慈溪、镇海、象山港、象山东部、三门湾六大围垦地区或发展水产养殖业，或为港口开发、工业发展提供建设用地，或实行农、渔、工业新区等综合开发。如宁海县越溪乡从 1998 年起开沟渠、修水库、筑海塘后，形成了宁海最大的滩涂养殖区，面积达 4 万余亩，养殖青蟹、蛏子、对虾等种类繁多的海产品。尤其是王干山一带，万亩“沧海桑田”不仅为当地农民带来了养殖收入，更成就了“观东方日出，看沧海桑田”的独特美景。对象山港区域，宁波市通过地方立法，先后制定了《宁波市象山港水产资源管理条例》《宁波市象山港海洋环境和渔业资源保护条例》，使象山港开发保护走上法制化轨道。进入新世纪后，宁波城市发展进入新的高速发展阶段，《宁波市城市总体规划概要（2004—2020）》确定了宁波“一核两翼、两带三湾”多中心的大都市空间格局，城市空间发生巨大变化。城市性质定位为我国东南沿海重要的港口城市，长江三角洲南翼经济中心，国家历史文化名城；主要职能为东北亚航运中心深水枢纽港，华东地区重要的先进制造业基地、现代物流中心和交通枢纽，长江三角洲南翼重要对外贸易口岸；浙江省对外开放窗口和高教、科研副中心，东南沿海重要风景旅游城市。湾区经济作为重要的滨海经济形态，是世界一流滨海城市的显著标志。湾区开发，水利先行，宁波水利建设发生了重大变化。宁波通过海塘安澜工程聚力打造安全可靠、绿色生态、功能综合、运行高效的沿海防御体系，还由此形成了一条生态海岸带、一片休闲宜居区、一张交通互通网和一席海洋发展高地，并重点解决象山、慈溪、杭州湾等区域水资源缺口问题，形成全域性互联互通、共建共享的水资源配置体系。

时代潮涌

东海潮歌

高塘潮汐水电站

千顷漩涡涌大洲，尚随潮汐共浮沉。
平沙漭漭秋横雁，极目烟波海尽头。

——〔民国〕吕耀钤《南田竹枝词·大沙头》

高塘潮汐水电站

高塘潮汐水电站

象山高塘岛曾兴建过一座潮汐水电站。电站位于宁波市象山县高塘岛乡金高椅村南端小乌岩山脚，于1970年下半年动工，开石下挖筑碶门闸，至1972年建成水电站。南边围坝长280米，坝顶宽5米，坝高4米，坝东端建三孔进水闸一座。安装4台50千瓦立式轴流机组，总装机200千瓦。潮位落差2.5—4.5米，流量6立方米每秒。为单向发电，即涨潮引水入库，退潮发电。当时投资约60万元。后因蓄水塘淤泥囤积，蓄水减少，再加上有了大陆供电而废止。现已改为太阳能光伏发电基地。

高塘潮汐水电站曾是浙江省第二大潮汐水电站，是象山县重要的工业遗产之一。现存水电站机房8间和4孔水轮机闸门。闸门宽2米，深约3米。总面宽24.22米，进深12.4米，高5.7米。机房尚存，发电机组已拆走。中间两间墙面窗上

高塘潮汐水电站

留有时代特色的标语口号，如“自力更生，艰苦奋斗”“愚公移山，改造中国”“水利是农业的命脉”“水利电力事业大有可为”等。2011 年 4 月 1 日，象山县人民政府将高塘潮汐水电站列为第七批县级文物保护单位。

时代潮涌

门前涂畔

八一台风纪念碑

1956年8月1日，超强台风在象山南庄平原登陆，史称“八一大台风”。该台风给宁波地区带来中华人民共和国成立以来迄今为止最大的一次台风灾害：全市过程雨量除慈溪70毫米外均

八一台风纪念碑

超过100毫米，普遍出现13级以上大风。飓风掀起的巨浪有10余米，排山倒海，越过门前涂堤坝，吞噬了象山整个南庄平原。象山县东陈、南庄、林海等乡的低洼地区在五六分钟之内，水淹屋顶，绝大部分房屋、树木被冲毁，三乡被淹死者达3089人。《中国共产党宁波历史（第二卷）》中这样记载："象山县仅粮食、物资的直接经济损失326.5万多元。全县共有3402人死亡，5503名群众受伤；12个村庄全部被毁，7.7万间房屋倒塌，2.9万间房屋被损坏；465处海塘、碶门被毁坏，11.7万余亩农田被淹，其中10多万亩早稻颗粒无收，2万多吨粮食被毁；4万余棵大树被连根拔起，5万多亩毛竹有40%腰折；102艘船舶被冲走，246只渔船被毁坏。"面对灾害，象山人民与全省人民一道奋起抗台救灾。党员干部身先士卒、生死与共，广大群众相扶相挽、奋勇抗争，全省军民八方支援、共建家园，谱写了可歌可泣的不朽篇章，韩桂秋等50名党员干部为救灾而牺牲。但台灾也给人们带来深刻教训：由于对台风威力的无知和轻视，肤浅地认为"坚强的抗台意志"可以"人定胜天"，在"敢于牺牲"却不是"以人为本"等理念指导下，不讲科学地"抗击台风"，从而造成许多牺牲，虽然精神可嘉，但不宜提倡。有关业内人士介绍，正是因为"八一台灾"的惨痛教训，从此我们面临台风时亦由"抗台"转变为"防台"，虽仅一字之差，却蕴含着丰富的文化内涵。

八一台风纪念碑

现在的八一台风纪念碑位于象山南庄平原东南角，大目洋门前涂龙涧山顶上。纪念碑总占地2000余平方米，由基座、浮雕、碑体三部分组

八一台风纪念碑

成。碑体净高 19.56 米，意寓 1956 年。基座为 25×25 米八角形，自地面至绿化坪到浮雕平台三个层面，寓意“三防”；南、北两侧各有 12 级台阶，寓意 12 号台风。浮雕共有 8 面，其中文字部分 4 面，分别为碑记、时任宁波市委书记巴音朝鲁题字、“八一台风”介绍和防台救灾精神；4 面图案浮雕，分别为遭受台风侵袭、奋起生产自救、全力修筑海上长城、加快建设发展 4 个场景，反映了象山人民的抗台救灾历史。碑体由一个三角形的“1”字和环绕三角形的旋风状“8”字组成，意寓 8 月 1 日。整座纪念碑共铺砌大理石 3400 余块，以缅怀“八一台灾”的 3402 名罹难者。

时代潮涌

向海图强

港口产业生态的和谐发展

宇宙初开辟，何神立此山。
中流天柱石，大地海门关。
浪恶蛟龙怒，云深虎豹闲。
潮期与日月，千古一循环。

——〔宋〕陈允平《登招宝山》

北仑港

中国（象山）开渔节千帆竞发

宁波作为自然资源相对紧缺的沿海港口城市，坚定不移地实施可持续发展战略，推进以美丽廊道、美丽岸线、美丽海域为重点的美丽海湾保护与建设布局，推进生态型港口城市建设，努力成为美丽中国的先行区。

湿地保护是宁波水生态文明建设的重要组成部分。湿地在抵御洪水、蓄洪抗旱、控制污染、调节气候、促淤造陆、清除转化毒物和杂质、提供野生动物的栖息地、美化环境、旅游休闲、教育和科研价值等方面有其他系统不可替代的作用。宁波湿地资源丰富，与其背山面海、地貌类型复杂有关。宁波市现有2公顷以上湿地面积，总计达389191.24公顷，相当于全市区域总面积的33.6%。杭州湾湿地是中国八大咸水湿地之一，位于杭州湾跨海大桥附近，主要包括沿海滩涂、离岸沙洲和塘内围垦湿地，总面积43.5平方千米。杭州湾湿地以良好的环境、丰富的食物，每年吸引了大量候鸟的光临，是东亚—澳大利亚的候鸟迁徙必经的中转站。杭州湾国家湿地公园是宁波杭州湾新区重点生态保护区。2017年12月，经自然资源部国家林业和草原局批准为国家湿地公园。杭州湾湿地项目还引起了世界银行与全球环境基金会（GEF）的高度关注，世界银行为该项目提供了500万美元的赠款，以支持自然湿地保护区及处理污水的工程湿地的建设。

杭州湾湿地

北仑港被誉为中国港口“皇冠之冕”，地处我国大陆海岸线中部，南北和长江“T”型结构的交汇点上，地理位置适中，是我国大陆著名的深水良港，与世界上100多个国家和地区的600多个港口通航。进港航道一般水深在30—100米以上；深水岸线长，包括大榭岛、梅山岛和穿山半岛，长达121千米。北仑港开始兴建于党的十一届三中全会之后。1979年1月，北仑港区10万吨级码头主体工程动工，1982年建成投产，标志着宁波港从河口港到海港的跨越。现在的北仑港最大泊位达30万吨级，大榭港区拥有45万吨原油码头，弥补了全国缺乏大型深水泊位、航道等级较低的缺陷。2006年，宁波港和舟山港正式合并，新港命名为“宁波舟山港”。北仑以“绿水青山就是金山银山”理念为引领，在加强治山理水的基础上，不断加大“金山银山”反哺“绿水青山”力度，走出了一条“港产城人融合发展，生态经济双向增益”的临港工业地区特色生态治理道路，成功培育了宁波海洋研究院实践创新基地、中国港口博物馆等多个在全省乃至全国具有典型性的生态文明建设实践示范点。

象山海洋渔文化历史悠久、类型丰富、形态多样、文化生态完好，包括以渔歌号子为代表的民间文化，以海盐晒制技艺为代表的生产文化，以渔民开洋、谢洋节为代表的生活文化，以石浦－富岗如意信俗为代表的观念文化，以渔村组织为代表的组织文化及其他文化，是中国海洋渔文化的典型代表。东海渔民

自古以来就有开捕祭海的民俗。为唤起渔民对海洋资源日趋衰减的忧患意识，教育渔民自觉保护海洋资源，1997 年象山渔民率先提出应定期实行海上禁渔，得到国家有关部门的肯定与采纳。自 1998 年始，象山县委、县政府首创中国开渔节，在东海休渔结束的那一天举行盛大的开渔仪式，欢送渔民开船出海。中国（象山）开渔节为全国独一无二的海洋庆典节日，已经发展成为国内举办时间最长、影响力最大、品牌溢价最高的民间节庆类活动之一，成为象山建设现代化滨海城市，推动“创新驱动、转型发展”的重要支点。2019 年 12 月，文化和旅游部批准设立海洋渔文化（象山）生态保护区。

太一生水，水反辅太一，是以成天。
天反辅太一，是以成地。

——郭店楚简《太一生水》

天一生水

日月经天，江河行地。水是生命之源，也是文明之源，从某种意义上说，宁波文明的发展是建构于人与水的对话动态、和谐发展的基础之上的。人们饮水、用水、治水、管水、护水、节水、亲水、观水、写水、绘水等重要社会实践活动，发展出丰富多彩的水文化，扩展着人类生活的精彩，提升着人类对话世界的深度。中国古代水文化是中国古代先民在实践活动中创造的以水为载体的物质、精神文化的总和。宁波水文化的内涵已经超出了水利文化、水利行业文化的范畴，成为城市文化的重要组成部分与基础支撑，并深刻融入了中华文明发展的进程，标识着宁波独特的文化气度与文明气象，也形塑着千百年来宁波人的“形”与“魂”。

水文化首先与水利工程、水事活动的关系密不可分。从古至今，宁波人创造了多样的水利工程、水事活动，以实现“海定波宁”“河海联结”，创造了与其相适应的水文化，这是宁波水文化遗产的核心层。而各个时代的水文化，又反过来促进人们对宁波自然生态水环境的重新认识，并把这种观念、思想、行为、价值观等反映到水利工程建设和水事活动之中。水利工程、水事活动与水文化之间演绎着一种持续演替发展的辩证耦合统一。

四明大地早期流传的舜禹传说，说明农业在河姆渡文化时期已经占据重要地位，承载着农耕社会的部落借助幻想征服自然的意图，也萌生着“道法自然，综合治理”的疏导理念。汉晋以来，水利设施的兴修，极大地改变了农业灌溉水利系统。那些开拓地方、营建水利、造福于民的官员和普通群众，如晋代鄞县县令梁山伯，唐代王元暐与十壮士，宋代王安石、李夷庚、吴潜等都被奉为水神，这是宁波民间有众多人格化水神的重要原因。他们以不同的方式为世代百姓所祭拜，成为宁波水神信仰中的一个突出特点。如鄞西原广德湖湖西白鹤山下“广德遗爱庙”，纪念唐宋时代治理过广德湖的先贤，有唐代的王元暐、任侗，五代钱亿，宋代王安石、舒亶、王庭秀等十几位水利功臣。这些水利专家既为宁波水利发展提供了坚实的工程文明，也通过撰写调研报告、理论著作或者诗歌散文等，构成了宁波水利文献的主体。宁波水利人与洪水、干旱作斗争，形成和发展了宁波独特的治河学、灌溉学，从这个意义上说，宁波的水利文化是水文化的基本内容，在水文化的成熟与发展中占据着主导地位。古代先贤治水体现出来的坚韧不拔、不畏困难、实事求是、严谨科学的精神不断影响和推动着水文化的成熟和发展，也深刻影响着当代水利人提倡的“忠诚、干净、担当、科学、求实、创新”的新时代水利精神。

农耕文明与航运文明相交错，也形塑着宁波独特的水神信仰文化。在农耕自然经济发展时期，风调雨顺是人们最大的愿望，所以水神长期存在。在宁波，龙王是海神，也是水神。历代帝王在东海立庙祭龙王，通过对海神神格的提升与对四海海神的祭祀，表达海晏河清、四海太平的政治图景。如南宋乾道五年（1169），宋孝宗下诏令祭东海龙王在明州定海县（今镇海区）的海神庙，保佑航海平安。在清朝康熙、雍正二位帝王时祭典东海龙王日趋频繁，据不完全统计，仅相关志书记载的康熙祭龙王的祭文就多达8篇。在旧时宁波民间，人们认为龙王主管雨和水，拜龙王成为祈求风调雨顺的一种仪式。明代后期直至清代，因为倚重水利，宁波民众对水神的崇拜有增无减，精神救赎式的水神信仰日渐封建迷信化。当时鄞县、奉化等区域几乎是一村一龙或数龙。龙王形象有蛇、鳝、蛙等，所谓“一地一龙王，各村各龙王”。而在海洋航运与海洋渔业的影响下，宁波有多元化的海神信仰，如浙江奉化祖域、鄞州鲍盖和福建连江演屿神等，而妈祖、观音等海神则因宁波中国大运河、海上丝绸之路的影响，最终扩展为具有全国乃至世界影响的民间信仰。水神信仰也以务实的态度，反过来塑造了宁波人的性格特征。在浙江沿海，踩波涛、骑鳌鱼的观音是最高海神，其后又有妈祖，这些神灵慈祥、亲切、无私、利人，只讲奉献，不求回报，保佑渔民与海商的幸福与安宁，显现着东方海洋文化的和平、安详、平等、共存的文化精神。在传说中观音也是最为重要的施雨神之一。宋代诗人王阮有《普陀山观音岩祈雨一首》诗云："南风不为雨，躬即宝陀求。地势到此尽，天河相接流。鳌升千丈背，蜃吐数层楼。念彼观音力，杨枝洒有秋。"

宁波人在控制、调节、治导、开发、管理和保护水的过程中，创造了丰富多彩而独具特色的物质、制度、行为和精神文化。它山堰的千年维护与它山庙会的千年传承密切相连，人们通过庙会神圣的祭祀，纪念先贤功德，弘扬水利精神，义务为它山堰淘沙，同时维系与分配着水权，凝聚区域社会。依托这些水利民俗，纷繁多姿的非物质文化遗产竞放光彩。在水神庙会里，我们可以看到船灯舞、马灯舞、火龙喷火、大头娃娃、舞鱼龙、船鼓等民间舞蹈，听到四明南词、四明走书、象山唱新闻和渔鼓等民间曲艺。在祭祀龙神中，把"龙"与点龙灯、划龙舟、舞龙队、放龙筝等习俗及游戏结合在一起，像奉化布龙、余姚犴舞等，显得生动活泼。镇海龙鼓则是镇海区重要的民间艺术形式，有着很高的观赏价值与艺术价值。每年出海捕鱼（俗称"开洋"）和捕鱼归来（俗称"谢洋"）时，他们会一起以击鼓、唱民歌和舞着船形物的形式进行送行祈福或喜庆丰收的表演。

人们择水而居、以水为邻，池井涌泽、江河湖海滋润百姓日常，水文化与人们的生产生活水乳交融。人们亲水颂水，幻化出种种绚丽的作品，使得宁波水韵成为人们最为眷恋的乡土意象。在潮汐江与塘河交汇的渡口，经商者、游宦者转换候潮，往往诗情难抑。其中以余姚丈亭渡尤显，如陆游的《发丈亭》："余姚江乘潮潮始生，长亭却趁落潮行。参差邻舫一时发，卧听满江柔橹声。"有人还停棹专门访寻先贤的遗迹，如清人朱兴悌《余姚怀黄梨洲先生》诗中云："石室鸿文富，停桡一问津。"集聚士大夫家族的园林公园月湖，更是风雅集会之所。建筑偃月堤、众乐亭的钱公辅离开明州后，想起往事，写作了两首《众乐亭》诗，引来王安石、司马光等大家前来和诗，带出一个圣贤气象夺目的北宋士大夫群，使月湖的审美意蕴得到极大丰富。在历史上，月湖便是一个诗歌之湖，月湖之畔历史上著名的约有 20 个诗社。南宋有史浩等组织的尊老会、五老会，元初有王应麟主盟的遗老诗社，明代有天一阁主人范钦与张时彻、屠大山的三司马社，清代有"西湖八子社""南湖九子社""西湖七子社""南湖五子社"等。李邺嗣编《甬上耆旧诗》，收宁波一带自越国文种到明季诸家诗 3000 余首，作者有 430 余人。三江塘河等景观也是画家们钟爱的对象。如日本高僧雪舟所画的《唐土胜景图》中的"宁波府城图""镇海口图"，描绘了港城气象；清人陈韶的《鄞江送别图》绘写了甬上证人书院诸学友及子弟为万斯同、万言叔侄将北上修《明史》而饯别之事；宋代楼璹所画的《耕织图》则表现了中国古代美丽的小农经济图景。

"天生一，一生水，水生万物"，"上善若水，水善利万物而不争"。水不仅为中国创造了丰富的物质文化、文字文学，还创造了以水为载体的独一无二的道德、哲学思想。《周易·系辞上》："河出图，洛出书，圣人则之。"相传，上古伏羲氏时，古洛阳东北孟津境内的黄河中浮出龙马，背负"河图"，献给伏羲氏。伏羲氏依此而演成八卦，后为《周易》来源。又相传，大禹时，古洛阳西洛宁的洛河中浮出神龟，背驮"洛书"，献给大禹。大禹依此治水成功，遂划天下为九州。一般认为"天一生水"源自《洛书》，远古时代对天象的观测，在每年的农历十一月冬至前，水星见于北方，正当冬气交令，万物蛰伏，地面上唯有冰雪和水，形成"水行"概念。也有认为"天一生水"源自汉郑玄《易经注》。"天一生水，地六成之"表示水星与日月会聚。而这一充满中华哲思的"水"理念，无疑给这个城市的读书人无限的启示。"水能克火"，明代藏书家范钦在藏书楼前掘"天一池"，并以"天一"命名楼。"天一生水"也成为这个城市被广泛认可的价值观念，宁波处处是以"天一"命名的广场、社区、学校、大楼、公司等等，"天一生水"融进了城市的血脉与灵魂。

一、水利文献

地方志是传承地方文化、发掘历史智慧的重要载体。一般认为，政府修地方志始于隋代，宁波最早的志书是唐宋时编修的《明州图经》。宋代志书的内容与编纂体例逐渐完备。南宋时，南方各省普遍纂修定型方志，而且品种齐全，郡志、州志、县志均有，宁波有《大观明州图经》《乾道四明图经》《宝庆四明志》《开庆四明续志》《奉化志》，其他《嘉泰会稽志》等都记录了宁波水利工程与水利活动。如《乾道四明图经》卷一《贤守事实》记录了大量明州刺史、知州们为百姓兴修水利、废除苦役等政绩，并有“江湖河堰”“桥梁”条目。宁波历史上著称的“宋元六志”为宋代《乾道四明图经》《宝庆四明志》《开庆四明续志》，与元代《延祐四明志》《至正四明志》《大德昌国州图志》。其他著名的志书如明张时彻等编纂的《宁波府志》、钱瑶编修的《奉化县图志》，清代万经、全祖望编纂的乾隆《宁波府志》，钱大昕等纂修的乾隆《鄞县志》，徐时栋编撰的光绪《鄞县志》，清末民初张午炎等编修的《余姚六仓志》等。众多乡邦人士从爱乡土、重文化出发，直接参与志书编纂之中。

这些志书中收录了大量水利名篇，如《延祐四明志》卷十《河渠考上》有《奉化开河记》《引水记》《广德湖记》《废湖辨》等。北宋王安石《余姚县海塘记》、舒亶《西湖引水记》，南宋吴潜《平桥水则记》，元代陈旅《海堤记》，明代颜鲸《重清杜白二湖永赖碑记》、张时彻《东岗老碶记》、范钦《重修梅墟塘记》，清代王梦弼《镇海后海石塘记》、全祖望《湖语》和《万金湖铭》、薛福成《重浚宁波城河记》等都是著名的篇章。还有对水利的研究著作，如明末清初黄宗羲《今水经》、清代全祖望校《水经注》等。在这些水利文献中，保存了先贤的水利思想，多以古代“天人合一”“道法自然”的哲学理念为本，体现了中华文明中人与自然和谐共荣的思想精髓。

宁波还有不少专门的水利志，反映的水利内容十分丰富。如南宋魏岘《四明它山水利备览》，明代游应乾《四明水利图说》，清代姚燮《它山水利图经》、周道遵《甬上水利志》、张绎等编辑的《疏浚郡河清册》、王相能编辑的《杜白二湖全书》、宗源翰编辑的《郡城浚河征信录》，其他如《东钱湖志》《宁郡城河丈尺图志》等。中华人民共和国成立以后，水利志编修成为水利部门重要工作之一，如宁波市水利志编纂委员会编写《宁波市水利志》（2006），甬江编纂委员会编写的《甬江志》，以及各区县编写的水利志，等等。

上杜学士言开河书

十月十日，谨再拜奉书运使学士阁下：某愚不更事物之变，备官节下，以身得察于左右，事可施设，不敢因循苟简，以孤大君子推引之意，亦其职宜也。

鄞之地邑，跨负江海，水有所去，故人无水忧。而深山长谷之水，四面而出，沟渠浍川，十百相通。长老言：钱氏时，置营田吏卒，岁浚治之，人无旱忧，恃以丰足。营田之废，六七十年。吏者因循，而民力不能自并。向之渠川，稍稍浅塞，山谷之水，转以入海，而无所潴。幸而雨泽时至，田犹不足于水，方夏历旬不雨，则众川之涸，可立而须。故今之邑民最独畏旱，而旱辄连年。是皆人力不至，而非岁之咎也。

某为县于此，幸岁大穰，以为宜乘人之有余，及其暇时，大浚治川渠，使有所潴，可以无不足水之患。而无老壮稚少，亦皆惩旱之数，而幸今之有余力，闻之翕然，皆劝趋之，无敢爱力。夫小人可与乐成，难与虑始。诚有大利，犹将强之，况其所愿欲哉！窃以为此亦执事之所欲闻也。

伏惟执事，聪明辨智，天下之事，悉已讲而明之矣。而又导利去害，汲汲若不足。夫此最长民之吏当致意者，故辄具以闻州。州既具以闻执事矣，顾其厝事之详，尚不得彻，辄复条件以闻。唯执事少留聪明，有所未安，教而勿诛，幸甚。

——〔北宋〕王安石《上杜学士言开河书》[1]

王安石（1021—1086）是“唐宋八大家”之一。其治鄞三年，兴修水利、救济灾民、创办学校，开启了变法先声。《上杜学士言开河书》是

① 王安石：《临川先生文集》卷七十五，中华书局，1959年。

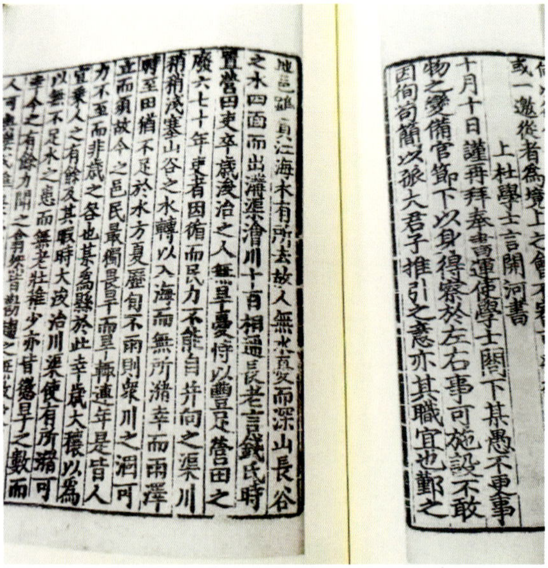
或一邀從者為境上之會
十月十日謹再拜奉書運使學士閣下某愚不更事
上杜學士言開河書
物之變備官節下以身得察於左右事可施設不敢
因循苟簡以孤大君子推引之意亦其職宜也鄞之
為邑雖負江海水有所去故人無水憂而深山長谷
之水四面而出溝渠澮川十百相通長老言錢氏時
置營田吏卒歲浚治之人無旱憂恃以豐足營田之
廢六七十年吏者因循而民力不能自并向之渠川
稍稍淺塞山谷之水轉以入海而無所潴幸而雨澤
時至田猶不足於水方夏歷旬不雨則衆川之涸可
立而須故今之邑民最獨畏旱而旱輒連年是皆人
力不至而非歲之咎也某為縣於此幸歲大穰以為
宜乘人之有餘及其暇時大浚治川渠使有所潴可
以無不足水之患而無老壯稚少亦皆憊旱之數而
幸今之有餘力聞之翕然皆勸趨之

王安石《上杜学士言开河书》

王安石经过十三天调查研究鄞县十四个乡而给上司杜杞[1]的一封信，建议在鄞县发动群众兴修水利、发展生产。书信中，王安石陈述了鄞县“跨负江海”的地理特点，并以五代时吴越国王钱镠执政时营田制度为例，说明鄞县旱灾发生，不是天时不利的问题，而是需要利用农闲季节，大力发动群众，治理河道，兴修水利，储水保水，以消除农田水利不足的祸患。为了争取上级的从速批准，王安石引用《商君书·更法》的“民不可与虑始，而可与乐成”，申述人民群众即使对有大利的事情，还要强制他们去做，何况这个兴修水利是他们自愿要干的呢。清蔡上翔《王荆公年谱考略》“庆历八年”评价：“是时公年二十八，与上大夫言，绝无忌讳如此。观其上孙、杜二书以《收监》一诗，其为爱民恻怛之心，筹画利害之明，虽复老成谋国者弗如。宜乎欧阳修《荐安石疏》云：‘议论通明，兼有时才之用。’”一个 28 岁的县官，表现出“老成谋国”的气度，从而很快得到了贤臣欧阳修的荐举，后来得到神宗的赏识，遂拜为相。

① 杜杞，一作杜杞，字伟长。

余姚县海塘记

自云柯而南，至于某，有堤若干尺，截然令海水之潮汐不得冒其旁田者，知县事谢君为之也。始堤之成，谢君以书属予记其成之始，曰：“使来者有考焉，得卒任完之以不隳。”谢君者，阳夏人也，字师厚，景初其名也。其先以文学称天下，而连世为贵人，至君遂以文学世其家。其为县，

东钱湖《安石魂》雕塑

不以材自负，而忽其民之急。方作堤时，岁丁亥十一月也，能亲以身当风霜氛雾之毒，以勉民作而除其灾。又能令其民翕然皆劝趋之，而忘其役之劳，遂不逾时，以有成功。其仁民之心，效见于事如此，亦可以已，而犹自以为未也。又思有以告后之人，令嗣续而完之，以永其存。善夫！仁人长虑，却顾图民之灾如此其至，其不可以无传。而后之君子考其传，得其所以为，其亦不可以无思。而异时予尝以事至余姚，而君过予，与予从容言天下之事。君曰："道之闳大隐密，圣人之所独鼓万物以然，而皆莫知其所以然者，盖有所难知也。其治政教令施为之详，凡与人共而尤丁宁以急者，其易知较然者也。通涂川，治田桑，为之堤防沟浍渠川以御水旱之灾。而兴学校，属其民人相与习礼乐其中以化服之，此其尤丁宁以急而较然易知者也。今世吏者，其愚也固不知所为。而其所谓能者，务出奇为声威以惊世震俗，至或尽其力以事刀笔簿书之间而已。而反以谓古所为尤丁宁以急者，吾不暇以为，吾曾为之，而曾不足以为之。万有一人为之，且不足以名于世而见谓材。嘻，其可叹也！夫为天下国家且百年，而胜残去杀之效则犹未也，其不出于当时。"予良以其言为然。既而闻君之为其县，至则为桥于江，治学者以教养县人之子弟。既而又有堤之役，于是又信其言之行而不予欺也。已为之书其堤事，因并书其言终始而存之，以告后之人。庆历八年七月日记。

——〔北宋〕王安石《余姚县海塘记》[1]

---

① 王安石：《临川先生文集》卷八二，南宋绍兴二十一年（1151）两浙西路转运司王珏刻元明递修本。乾隆《余姚志》卷三七作"海堤记"，且有异文，如起句为"自云柯而南，有堤二万八千尺"。塘，即堤。

北宋庆历七年（1047），谢景初任余姚知县，第二年修建完成莲花塘（今大沽塘）海堤。这个工程是保障民生的千年工程。工程虽然已经完成，但不能一劳永逸，需要继任者不断加固完善。忧国忧民的谢景初请王安石写作《余姚县海塘记》，目的是希望后继者不断保护和推进海塘事业。王安石与谢景初是好朋友，当时其弟谢景平知会稽，王安石知鄞县，韩玉汝知钱塘，齐名于吴越，被誉为“四贤令”。王安石为了撰写《余姚县海塘记》，亲临余姚考察。他看到余姚在谢景初的治理下，可谓是政通人和：治理水利，抗御灾害；修建桥梁，便利交通；发展教育，提升百姓文化素养；特别是修建了如此重大的利国利民的海堤。在文中，王安石特别赞扬了谢景初在修建莲花塘过程中身先士卒、亲历亲为的精神，也非常赞同谢景初的治政理念，认为为官之道，首先要关心民瘼，重视农业生产，建好农田水利基础设施；然后要施行文教，开启民智，建设礼仪之邦。在谢景初之后，莲花塘在历史上得到后继者的不断完善，水利精神成为“为官一任，须造福一方”的古代贤宦理想精神的重要一环，并得到很好的传承。

天一生水

广德湖记

鄞县张侯图其县之广德湖，而以书并古刻石之文遗予曰：“愿有纪。”盖湖之大五十里，而在鄞之西十二里。其源出于四明山，而引其北为漕渠，泄其东北入江。凡鄞之乡十有四，其东七乡之田，钱湖溉之；其西七乡之田，水注之者，则此湖也。舟之通越者皆由此湖，而湖之产，有凫雁鱼鳖、茭蒲葭菼、葵莼莲茨之饶。其旧名莺脰湖，而今名，大历八年令储仙舟之所更也。贞元元年，刺史任侗又治而大之。大中元年，民或上书请废湖为田，任事者左右之，为出御史李后素验视，后素不为挠民以得罪，而湖卒不废。刺史李敬方与后素皆赋诗刻石以见其事，其说以谓当是时湖成三百年矣，则湖之兴，其在梁齐之际

集士公园“曾巩《广德湖记》（节选）”碑雕

集士公园“曾巩《广德湖记》（节选）”碑雕

欤！宋兴，淳化二年，民始与州县强吏盗湖为田，久不能正。至道二年，知州事丘崇元躬按治之，而湖始复。转运使言其事，诏禁民敢田者，至其后，遂著之于一州敕。咸平中，赐官吏职田，取湖之西山足之地百顷为之，既而务益取湖以自广。天禧二年，知州事李夷庚始正湖界，起堤十有八里以限之。湖之滨，有地曰林村砂末，曰高桥腊台，而其中有山曰白鹤，曰望春。自太平兴国以来，民冒取之，夷庚又命禁绝，而湖始复。天圣、景祐之间，民复相率请湖为田，州从事张大有案行止之，而知州事李照又言其事，报知至道诏书，照以刻之石，自此言请湖为田者始息。而康定某年，县主簿曾公望又益治湖。至张侯之为鄞，则湖久不治，西七乡之农以旱告。张侯为出营度，民田湖旁者皆喜，愿致其力。张侯计工赋材，择民之为人信服有知计者，使督役而自主之，一不以属吏，人以不扰，而咸劝趋。于是筑环湖之堤，凡九千一百三十四丈，其广一丈八尺，而其高八尺，广倍于旧，而高倍于旧三之二。鄞人累石堙水，阙其间而扃以木，视水之小大而闭纵之，谓之碶。于是又为之益旧，总为碶九，为埭二十。堤之上植榆柳，益旧总为三万一百。

——〔北宋〕曾巩《广德湖记》（节选）[①]

曾巩（1019—1083）为“唐宋八大家”之一，其《广德湖记》是最早对广德湖作详细记载的文章，是他任越州通判时，应时任鄞县县令张峋之邀而写，令人了解广德湖的史事基本都与这篇文章相关。文章写了唐代至张峋任期内广德湖的拓兴和利用等有关事宜，说广德湖“盖湖之大五十里，而在鄞之西十二里。其源出四明山，而引其北为漕渠，泄其东北入江（即今余姚江）”，“其西七乡之田，水注之者，则此湖也。舟之通越者皆由此湖”。除灌田通航外，物产有“凫雁鱼鳖、茭蒲葭菼、葵莼莲茨”等。即使当时“无田以耕、无钱以商者，莫不仰食于此”。北宋元丰二年（1079），曾巩在明州当了半年不到的知州。他对广德湖在农业和百姓生活中的重要性十分清楚，在任期之内，也组织百姓对广德湖进行过较大规模的疏浚，保障明州农业发展。

① 引自《曾巩集》卷一九，中华书局，1984年。

四明它山水利备览

卷上：

它山水源；置堰；堰规制作；梅梁；三堨；日月二湖；广德湖、仲夏堰已废并仰它山水源；淘沙；防沙；前后修堰；护堤；开水口；古小溪港；洪水湾；北山下古港；水喉、食喉、气喉；积年沙淤处；王侯名爵、侯封庙额；造堰协谋之人；宪帅程公初置淘沙谷田设厅石刻节文；赵都承淘沙米田牒魏都大；淳祐元年十月余参政委淘沙；建回沙闸；看守回沙闸人；回沙闸外淘沙；洪水湾筑堤；请加封善政侯申府列衔状；设醮。

卷下：

重修善政侯祠堂记（苏为）；西湖引水记（舒亶）；重修它山堰引水记（杨蒙）；重修增它山堰记（魏行己）；四明重建乌金堨记（魏岘）；回沙闸记（林元晋）；它山歌诗（16 首）。

——〔南宋〕魏岘《四明它山水利备览》梗概

《四明它山水利备览》由南宋魏岘著，成书于淳祐三年（1243），是一部以它山堰为主的唐宋 400 年农田水利专著，也是南宋时期关于东南沿海御咸蓄淡水利工程的代表性著作。魏岘，鄞县鄞江光溪人。生卒年份不详，从生平事迹分析，约卒于宝祐年间（1253—1258）。淳熙十四年（1187）以承事郎知滁州清流县。绍定初（1228），任都大坑治，后罢职归居乡里。看到流沙淤塞它山堰，魏岘自己出力募人疏浚。因私人力量终究不如官府，请于郡守赵以夫增置淘沙田 29 亩，以其岁入作为疏浚费用，并亲自督责修建回沙闸和洪水湾堤岸。淳祐二年（1242），复起为直秘阁，知吉州军事。年老致仕。魏岘撰写《四明它山水

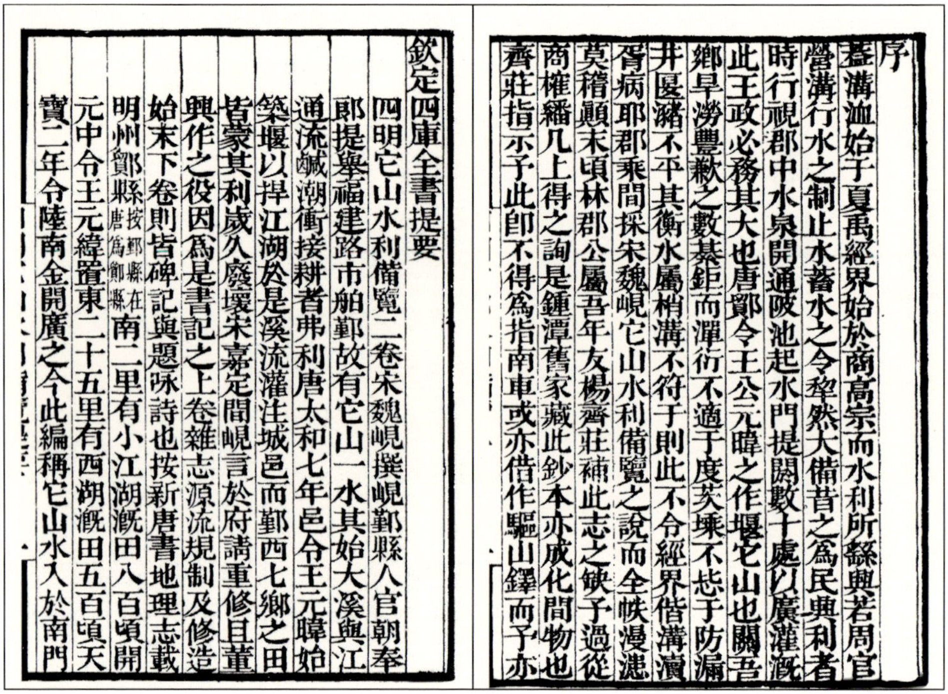
欽定四庫全書提要
四明它山水利備覽二卷宋魏峴撰峴鄞縣人官朝奉郎提舉福建路市舶鄞故有它山一水其始大溪與江通流鹹潮衝接耕者弗利唐太和七年邑令王元暐始築堰以捍江湖於是溪流灌注城邑而鄞西七鄉之田皆蒙其利歲久廢壞宋嘉定間峴言於府請重修且董興作之役因爲是書記之上卷雜志源流規制及修造始末下卷則皆碑記與題咏詩也按新唐書地理志載明州鄮縣按鄮縣在唐爲鄮縣南二里有小江湖溉田八百頃開元中令王元緯置東二十五里有西湖溉田五百頃天寶二年令陸南金開廣之今此編稱它山水入於南門

序
蓋溝洫始于夏禹經界始於商高宗而水利所繇興若周官營溝行水之制止水蓄水之令犂然大備昔之爲民興利者時行視郡中水泉開通陂池起水門提閼數十處以廣灌溉此王政必務其大也唐鄮令王公元暐之作堰它山也關吾鄉旱澇豐歉之數基鉅而渾衍不適于度茭揀不忘于防漏井匽瀦不平其衡水屬梢溝不符于則此不合經界偕溝瀆胥病耶郡乘間採宋魏峴它山水利備覽之說而全帙漫漶莫稽顛末頃林郡公屬吾年友楊齊莊補此志之缺予過從商榷繙几上得之詢是鍾潭舊家藏此鈔本亦成化間物也齊莊指示予此卽不得爲指南車或亦借作驪山鐸而予亦

《四明它山水利备览》

利备览》一书，旨在供后人通晓它山水政。全书分上下两卷，共 2 万字左右。上卷主要记述它山堰兴建和历次维修规划、施工等情况。下卷收录 6 篇碑记和 16 首它山歌诗。书中详细记载了它山堰水文地理情况、堰体结构、分洪引水设施布置等特点，并对建堰前后浙东地区水利工程演变历史，包括它山堰与广德湖、仲夏堰等水利工程的关系，整个工程在阻咸蓄淡、灌溉、航运和城市供水等方面的效益作了分析。原著宋刊本久佚。《四库全书》据浙江吴王墀家藏抄本著录。现本系清代徐时栋据《宋元四明六志》本校勘。

平桥水则记

四明郡阻山控海，海派于江，其势卑，山达于湖，其势高。水自高而卑，复纳于海，则田无所乎灌注，于是限以碶闸，水溢则启，涸则闭。是故碶闸者，四明水利之命脉，而时其启闭者，四明碶闸之精神。异时加意于碶者，至今犹有遗论，此未暇问也。而考其为启闭之则，曰平水尺，往往以入水三尺为平。夫地形在水之下者，不能皆平；水面在地之上者，未尝不平。执三尺以平水，嗟乎，异哉！

余三年积劳于诸碶，至洪水湾一役，大略尽矣。己未劭农翠山，自林村由西门泛舟以归。暇日，又自月湖沿竹洲舣城南，遍度水势，其平于田塍下者，刻篙志之，归而验诸平桥下，伐石为准，榜曰“水则”，而大书“平”字于下方。暴雨急涨，水没“平”字，戒吏卒，请于郡，亟启钥。若四泽适均，水露“平”字，钥如故。平桥距郡治，巷语可达也。都鄙旱涝之宜，求其平于此而已矣。余数祈归老，行且得请，然于此郡之丰歉不能忘，故置水则于平桥下，而以“平”字准之。后之来者，勿替兹哉。开庆元年春三月戊辰。

——〔南宋〕吴潜《平桥水则记》[①]

吴潜对宁波水利建设贡献卓著，修筑有洪水湾塘、吴公塘、楝（一乍练）木碶、北郭堰、西渡堰（大西坝）、郑郎坝等。《开庆四明续志·水利》记：“凡碶闸堰埭，某所当创，某所当修，某所当移，见于钧笔批判者，皆若身履目击。”《平桥水则记》为月湖平桥水则所作，碑文申述了伐石、

① 梅应发等：《开庆四明续志》卷三《水利》，清咸丰四年（1854）烟屿楼校刊本。

1900 年宁波平桥水则碑

榜书“平”字的理由。宁波宋代有三个主要水则，即陈垲在淳祐年间所创的大石桥平水则、回沙闸水则与吴潜开庆元年平桥头“平”字水则，这些水则设置的水平，处于当时国内领先地位。陈垲的大石桥平水则较吴潜的平桥头“平”字水则早 17 年，二者科技水平相当。大石桥水则测城东水系，平桥头“平”字水则测城西水系，功能效益也相当，只是平桥水则挨近府衙，“巷语可达”，更加便于获取信息和指挥操作。在鄞县水则中，后世均以吴潜平桥水则为代表，而更早的陈垲水则却被冷落，可能与吴潜著名的《平桥水则记》传世有很大关系。

东岗老碶记

宁波治邑鄞，与定海错壤。鄞东三十五里有东钱湖焉，横缩八十余里，合七十二溪之流而潴之，溉田百万余顷。鄞东七乡暨定之崇丘，资之播艺，胥受课焉。然崇丘之引湖也，必由斗门下小河以达。河之腹有蛇堰者，细而逼江，易决难筑。其决也，水尽注于江，势若建瓴，故河渠与湖，未旱而先涸，三农病焉。定民曰：是堰在鄞，鄞民宜役。鄞民曰：是利在定，定民宜役。其弗谐也，鄞民乃壅上流，定民决之，每相聚斗哄，各挟其令长以讼，曾无已时。于时缙绅父老，虞患日棘，深求便宜之策，图而议曰：若北去二十里所而堰，则堰以上江尽为河，潴停益巨，蛇堰可无用，即斗讼亦消止也。爰以请于监守诸司，诸司不察，以为难，罔有兴事。

东岗碶

其所谓江，即名小浃港也。自大关以南，海（江）支别而北上通五乡碶，长可五十里。比年倭寇充斥，厉于关禁，以断乡导交通之路，而小浃港则故无关也。不逞之徒，乃奸阑出入其间，昼夜络绎，莫可防制，此其为患，又不止于河决赤地而已也。维是甲寅之岁，成都宋侯来令定海，精察强干，绰有治才，志在振厉颓废，以沛宣休泽，孳孳问民所疾苦而兴罢之，乃父老欣欣慕向，以其故告，侯瞿然曰："有是哉！今以为民，苟有利也，其何敢不力！"乃从一二徒隶，披草莽，率士庶而景相之，遂尽洞其颠末，与往昔徒堰之议盖相符也。爰度东冈（岗）山之下，江水稍浅，横亘仅二十余丈，曰："是可以堰。"西去二十余丈即土田，疏之以杀水势，曰："是可以碶。"堰以蓄水，碶以泄水，度费金五百有奇。遂以父老之请请于当道，申之曰："可与乐成而难与虑始，凡民之恒情也。筑室道谋，迄用靡成，淆言之乱聪也。是举也，利于农而不利于商，将肆诪张以挠成功者，踵至矣。惟当道财察之。"已而次第报可，下令惟肃，庶民子来，率作兴事，卒靡有梗议者。工肇于乙卯四月，迄于是年十月。乡民以亩率费，而尽归所给之官银。自是堰以上为河，其下为江，卤水不得内涌，河渠不得外泄，溉田无虑数万。昔日瘠卤之地，尽变而为沃壤，亩入可数钟，盖不惟崇丘之民永无旱患，而鄞之七乡，亦胥被汪灭矣。又外寇内奸凭舟楫出入者，不得诡踪迹以越，屹如关隘之防，阜民御寇，一举兼得。

——〔明〕张时彻《东岗老碶记》（节选）[1]

① 张时彻：嘉靖《定海县志》卷五，明嘉靖四十二年（1563）刊本，该书中作"东冈碶"。光绪《镇海县志》有异文。

明嘉靖三十四年（1555），定海县令宋继祖建筑了一座五孔碶闸东岗碶（一作东冈碶）。这是继宋建鄞县五乡东、西碶后，明代在小浃江上建造的又一碶闸，为阻咸、蓄淡、排涝的水利工程设施，兼做过江桥梁。张时彻（1500—1577），鄞县人，嘉靖二年（1523）进士，历官福建、云南、山东、湖广、四川，所至有政绩，终官南京兵部尚书，五十三岁罢官里居。居乡期间，勤于著述，纂修嘉靖《宁波府志》、嘉靖《定海县志》，删补宋弘之所辑《四明风雅》，还编辑《明文范》等，兼治农事，与范钦、屠大山并称为“东海三司马”。张时彻在文中记述当时有蛇堰经常损毁，鄞县、定海（即镇海）互相推诿，经常争斗，但当时监守诸司未经实地调查，认为很难兴办，矛盾一直被搁置着。宋继祖到任后，经过勘察，率民筑碶，约六个月便建成了。碶堰建成后，其上为河，其下为江，卤水不能内涌，河水不再外泄，灌溉数万亩农田。除此之外，东岗碶在其时还具有军事防御的特殊作用。因小浃江没有碶闸阻隔，当时倭寇进出猖獗，东岗碶由此成为关隘，能有效防止倭寇直入。清代顾祖禹《读史方舆纪要》卷九二“大浃江”条载：“《海防说》：‘小浃港内通东江，出穿山所，达宁波城，极险要。’嘉靖中，倭贼由此内犯，奸民亦由此出入，漫无关禁。三十四年，邑令宋继祖于县南十里东山下江流浅处设东冈碶及堰，以蓄泄之。堰下为江，上为河。自此小浃江之流中断，而县境西南一带颇被沾溉之利。”历史上东岗碶曾多次修建，其中影响较大的工程有两次，即明万历时鄞县县令魏成忠主持的改建和清康熙时张幼学主持的重建。

湖语

先生曰：溯湖之始，盖自有唐王大令君照之所权舆，其事阙矣。近而可稽，断自吴越。作东府之右藩，授懋亲以旄钺。爰大浚夫重湖，洲岛为之四出。康宪之所经营，尚约略其有迹。钱康宪宅，即今广盈仓基。方有宋之正隆，庆中天于嘉祐。贤牧彭籛，于湖最厚。集贤钱公辅偃月堤。偃月长堤，载沙立就。如截如抱，莲香满袖。红莲阁系章郇公筑，其下即堤。王益柔诗所云“湖光如截天如抱”者也。众乐新亭，廊腰列绣。虹梁憧憧，夹岸左右。西憧憧桥，即今尚书桥。东憧憧桥，即今馆驿桥。洋洋湖心，以祝圣寿。有鱼攸然，亦叨神佑。广生堤。时则有若温公、荆公，牵率名辈，题诗恐后。亦越三纪，更廓其初。广洲成十，二刘所图。刘户部淑始创十洲，而成于刘户部理。

月湖畔全祖望雕像

烟花骀荡，雪月清虚。池塘春水，芳草平芜。三眠之柳乍醉，五粒之松长腴。葛陂竹实，丹凤所庐。落英森森，拒霜与俱。雄风四合，雌霓横舒。时则有若陈王之徒，唱和其区。陈忠、甬瓘与王亘、舒亶俱有倡和诗。嗣是以还，沧洲则高阁连云，刺史赵伯圭作。涵虚则深馆隐雾。魏王恺作。户挹清风，家临平楚。雉堞参天，镇山接武。即李刺史夷庚所治镇明岭也。二分烟水空蒙，三月风光媚妩。楼宣献湖上诗。

直抵城南，同流异浦，则又别有奇焉：试与子原地望于小江之乡，正讹舛于勾章之土。别称为小江湖者，盖以城中安东乡一带曰小江里，因名。或乃混于勾章乡之小江湖，故清容辨之。访昔人之遗迹，求二豪之故所。所谓黄、钟二家竞渡湖是也。彼其分清洞以左旋，如捧花之娇女。引修渠以斜行，盼夕阳以延竚。由长春门而入为清洞桥，东行即南湖也，为捧花桥。所捧何花？芙蕖容与。中有莲心，清芬一缕。翠盖亭亭，以迎红雨。湖南水道，取象莲花，以延庆寺为莲心岛。何来细湖，别成遥浒。逆流而会，藕尾如注。谁云不掉，凌风轩举。南湖之中有细湖，又称小湖，盖采莲桥一带也。舒中丞竟以西湖别名细湖，近人则但以南湖名细湖，皆误。唯胡制使《宝庆志》不错。细湖之西有港曰藕尾。伊平远之流泉，忽有时为周髀之合，妙一股与一勾，竟参三而鼎立。而且极神奇之巧幻，又如南箕之不翕。当其忽焉而申，疑云气之可接也。三角湾旧名龙舌。更讶淑姿之丰盈，胡有时而消瘦。腰围如蜂，带垂如绣。潺潺湲湲，折旋迁就。宛然小蛮，与我邂逅。即今所称腰带湖，盖古竹湖之地也。搜奇既毕，放乎中流。水月苍茫，大圆可求。水月桥。城上乌啼，格磔钩辀。城下绿草，翩反芳柔。听昌黎之冷泉，对遥天之碧色。彼城外之江流，盖朝潮而夕汐。纷黄沙之撩人，羌鱼盐其四塞。岂如此间，萧闲独隔。玉几东来，锦溪西射。吴志淳湖上诗。是以瑞应之来自五台者，长留连于胜迹。所谓五台开元寺中瑞应观音者也。

——〔清〕全祖望《湖语》（节选）[1]

全祖望（1705—1755），清代史学家、文学家和思想家，浙东学派重要代表人物，乾隆元年（1736）进士。他秉承浙东学派经世致用的思想，身负水利建设关系“吾乡民命”的现实使命，经过实地考察，写成了《东四明地脉记》《小江湖强堰记》《重浚鄞三喉水道议》等数十篇有实用价值的文章，探讨了宁波水资源的分布规律、被遗忘或淡出人们视线的水利工程的现实价值、它山堰水利工程的淤塞和疏浚、历代地方长官水利工程的得失、广德湖造田的历史贻害等问题。在提出并解决这些问题的过程中，全祖望形成了对宁波地区基本的水利构想，提出：“吾读丞相（指吴潜）碑记，以为碶闸者，四明水利之命脉”，“碶闸之精神，乃牧守所注之精神也”，“夫水利之命脉，即斯民之命脉”，显现忧心水利、关心百姓的精神。《湖语》是宁波水文化一篇难得的文献，以问答形式，叙说月湖湖水源流、胜地掌故、物产水利、历史人物等，具有重要的历史价值。

① 全祖望：《鲒埼亭集》卷四，《四部丛刊》本。

镇海后海石塘记

邑治北负溟渤，浊浪无际，东西屏山翼张，而后海石塘受潮之冲，若荡胸然。遇东北巨飓逼于潮后，以万里奔腾之势，加涨不已，金堤亦虞溃败，单石薄土奚能永固！此前代陷溺频仍，有足征也。自隆（庆）、万（历）沙涨后几二百年，水不侵逼，邑以获宁。雍正初，陡经海啸，沙涂洗没，水薄塘堤。岁议纷纭，徒事粘补，而潮汐冲汕，日渐空虚，致于乾隆丁卯秋，怒飙鼓浪，城塘悉溃，水灌田庐。余身际阽危，中宵惴惴，详考今昔利病，陈于大中丞常公安，檄分司曾日理会勘，博综群议：有外筑护堤之说，不知沙沉巨浸，非可悬水施功；有移塘避冲之说，不知舍旧更新，莫禁狂澜日逼；至若议建复塘，工巨而势非坚稳；议改直塘，费重而制亦失宜。夫他处石塘，叠砌壁立，取冲为剧，斯塘顶尖脚阔，如勾股状，直高二丈，筑出斜高三丈六七八九尺不等。法用条石埋砌七道，名龙骨，中铺大石六路，名幔板，以横贯纵，幔土为塘，潮来抢坦上下，敌浪之势较轻且缓。形式殊非可议，惟琢石不细，岁久棱酥，而缝随以阔。且石系单层，水由缝刷，而土随以消。加之龙骨、幔板各无槽榫，不相维系，洪涛激浪，冲进掣出，石随涣散，又安得不决土堤而没田园也耶！爰议改建夹层堵缝镶榫塘制，其法以七道龙骨、概换厚石，两面上留一寸，即斜铲六寸成槽。旧石横砌，今易一横一竖，得以深埋入土。旧无联属，今于横竖两廉，各凿方槽、石榫，贯成如带。通塘匀排七带，镶入六路幔板，板之两头，削如马蹄，嵌入龙骨槽内。其石锥琢六面平光，俾得实摒紧缝。下加衬板一层，骑缝贴砌，底夯块石，兼钉顶桩。凡石四合，胶以稠

定海县增筑内城碑记

灰。塘外束以关石排桩，塘口扣住回浪立石，上下嵌成一片，并不使缝水抽土。不违旧制而法已加详，似可收因时补救之益。旧塘一千一百余丈，先就顶冲之五百七十六丈五尺一律改建。其在城下者三百三十六丈五尺，于回浪石后嵌砌路石一道，与护城石槽口相扣，即为塘面。至城角迤西二百四十丈无城可依，于回浪石上加叠三尺，收分至顶，铺宽路石九尺，后筑土戗五尺，较旧高厚有加，差堪抵御险汛。城东石塘起处七十三丈尚有沙积，仍以单层重修。其西旧塘不及五百丈，内仅补葺塘面一百四十丈，塘身二丈，亦以沙未全没，权于缓急先后耳。议上，本道郑公远请于大中丞顾公琮，白于朝，发海塘经费帑金，伐木于闽海，炼灰于富春，凿山运石于鄞、慈、定县，募匠于宁、绍两郡，自乾隆十三年二月二十一日经始，三历秋汛，藉有柴埽抢堵，得至乾隆十五年十一月二十七日次第落成。

——〔清〕王梦弼《镇海后海石塘记》（节选）[1]

镇海后海塘在历史上，因风暴潮等原因，屡毁屡建。清雍正二年（1724）发生海啸，后海塘外的滩涂开始坍失，在乾隆十二年（1747）七月的飓风中，城塘崩溃。乾隆十一年（1746），王梦弼任镇海知县，后重启建设。《镇海后海石塘记》记录了整个重建过程。王梦弼经过广泛调查，采纳众人建议，认为“单石薄土奚能永固”。为使城塘永固，他在风涛顶处改建夹层石塘576丈5尺，次要地段修石塘336丈5尺，新建石塘51丈，修北面坍城表里810丈。此次修建，历经三年，把旧石塘改筑成新砌石塘，新石塘为双层大石斜坡式塘，在土坡加固、塘身构筑、防止坡土吸失、减杀海浪冲击等方面都做了有效的改进。文章还具体记载了石材开采于鄞县、慈城、定海，嵌缝石灰烧制于富春山，桩木采伐于福建沿海，工匠募集于宁绍两府，其工程之浩大，为浙江省沿海所罕见。以后近百年，后海塘未曾大修。王梦弼在职期间，还修缮了钩金、外石江、汇头、善庆、龙山、利济等塘；乾隆十一年（1746），疏浚绕城濠河。

① 王梦弼：乾隆《镇海县志》卷二《水利》，清乾隆十七年（1752）忠爱堂藏板刻本。

二、水利非遗

“一方水土养一方人”，不同地区人们不同的性格、不同的文化、不同的信仰都和当地的“水土”有关。早期越民以尚武逞勇为风气，“断发文身”，以龙蛇为图腾。越国时代的羽人竞渡纹铜钺是龙舟运动最早的实物例证。汉晋之后，水利的兴修、河道的疏浚，使宁波的区域地貌得到极大改变，从“水虐为灾”逐渐发展为“鱼米之乡”。但是面对水旱灾害，人们尽管运用物质技术力量并采取其他相应的措施，但在强大的自然力量面前，常常无法达到预期的效果，于是围绕着农耕水利灌溉，各种信仰民俗活跃。这些民俗不仅是一种具有仪式性的文化实践活动，表达着祈求风调雨顺、农业丰收的淳朴愿望，而且以神圣的名义维系水权分配与社会秩序，起到了保护自然、维护生态平衡、构建水利共同体的作用。而滨海湿地独特的农耕水利民俗与河海之城独特的航运水利民俗相融合，滋发出种种民间故事、谚语、歌谣等口口相传的文学作品，民间舞蹈、剪纸、戏曲等民间艺术，鄞江它山堰庙会等水利节日，每年农历五月初五和八月十六赛龙舟等民间习俗，形成了宁波特色的东方式人文景观。

因水而生

千年流传的民间传说

神姓黄氏，讳晟，鄞人也……至期，仗剑下中流，一日不起。至次日，持蛟头从江右池中而出，因名池为“蛟池”。今在庙东。

——〔明〕程端礼《饮飞忠济侯灵翼庙碑记》

甬江口招宝山上的鳌柱塔

达蓬山

在世界范围内，自古至今，哪里有水，哪里就有关于水的传说。各类神话传说故事保存完整，或散见于历史与文学的典籍中，或流传于坊间百姓的言语交谈中，虽然有某种神奇的臆想色彩，但传达的是劳动人民的智慧与创造，传递的是一种文化现象。水传说内容中所包含的精神、品质、意志、感情、行为等，具有很高的文化价值品位。

甬江是宁波的母亲河，宁波简称“甬”，源于甬江，而甬江之名源出奉化江口街道甬山。相传晋代郭璞云游至甬山，俯瞰剡江九回，东望平原如锦，远山连绵，叹曰：“明山剡水，气势甬甬，

五百年后必成一大都郡。”后人取郭璞之意，取名“甬山”。围绕甬江，历史上有许多民间传说。甬江水势奔涌，尤其是台风雨时节，更显得汹涌澎湃，激荡翻腾，令人惊心动魄。民间传说有大蛟从四明山引领山洪而出，冲向海口，没入海口外那座被称为“蛟门”的小山，于是甬江有“蛟川”的别称。蛟门山，一作“鲛门山”。宋《宝庆四明志》卷一八《定海县》，鲛门山在“县东四十里，一名嘉门。其山环锁海口，出鲛门，则大洋也”。“蛟门”有拦住或者放任蛟龙出海的意思。又有传说镇海招宝山有一条鳌鱼精兴风作浪，有人便

梁山伯庙

在招宝山上建造砖砌七层宝塔，建成后取名“鳌柱塔”，从此在海上就看不到有巨兽出没，“鳌柱插天”碑就是为此传说而写的。唐末时，黄晟（859—909）任明州刺史，他不仅建筑了子城外总长达十八里的罗城，还治理了甬江泛滥的问题。老百姓把他治理甬江的过程，用民间故事的手法来表现，说黄晟跳入甬江中与蛟龙作战三天三夜，一直追到桃花渡，最后将蛟龙斩死，而英雄也因此力竭而死。程端礼《饮飞忠济侯灵翼庙碑记》记录的正是这个传说。至今，宁波人每年端午节还用菖蒲草染雄黄制成宝剑状挂在门口的方式，纪念这位“宁波城市之父”。

宁波的梁祝传说则与海曙区高桥镇梁山伯庙有关。历史上的梁山伯为晋代人，任鄞县县令，勤政为民，因治理余姚江积劳病逝，遗体安葬于高桥九龙墟。梁山伯被封“义忠王”。鄞西高桥

达蓬山徐福文化园东渡石壁记

最迟在宋代大观年间（1107—1110）已建有梁山伯庙，时任明州知府李茂成撰有《义忠王庙记》。宁波民间至今仍流传着梁圣君庙能够祈得雨水，保佑平安的说法。在宁波，相传梁山伯下葬之时，挖掘到了劫富济贫的侠女祝英台的墓，百姓不忍拆除祝墓，故将两人结为阴亲合葬。宋代张津《乾道四明图经》中称：“义妇冢，即梁山伯、祝英台同葬之地也，在（鄞）县西十里接待寺之后，有庙存焉。……按《十道四藩志》云，义妇祝英台与梁山伯同冢，即其事也。”但在流传的过程中，逐渐演变为梁祝沿着运河东去杭州读书相恋的民间传说，并在全国有较大影响。相传祝英台出嫁时，喜船经过余姚江九龙墟邵家渡时，狂风大作，江面波涛汹涌，祝英台也就从容上岸前往梁山伯坟前祭拜，飞沙走石间坟墓开裂，英台一跃而入。现在百姓到梁山伯庙烧香祭奉，主要目的已经变成了祈求婚姻美满幸福。

徐福东渡指秦始皇时期徐福被派遣出海采仙药，一去不返的历史事件。秦始皇统一六国后追求长生不老之法，四处寻找仙药。徐福上书秦始皇可以到海上“三神山”寻到仙药，但奉命几次出海，都空手而还。最后一次，徐福率“童男童女三千人”和“百工”，携带“五谷种子”，乘船泛海东渡，成为迄今有史记载的东渡第一人。《史记》也记录了此事。可是徐福一去不复返，他到底去了哪里呢？有人说那时航海技术差，碰到大风浪，全部覆没；有人认为到了台湾；也有人说是到了美洲；但大多数人认为是到了日本。由于徐福东渡，日本催生了弥生文化，日本把徐福尊为农耕之神而加以祭祀，这成了古代中日两国文化交流的见证。徐福东渡传说在《四明志》《慈溪县志》等方志中均有记载。慈溪的达蓬山原名“香山”，因有徐福在此启航东渡，故名“达蓬山”，意谓可以到达蓬莱仙境。达蓬山位于慈溪市南面，古时，达蓬山北面是海，山脚下是一天然港湾。山上有奇峰、怪石、溶洞、石刻，山顶上有平坦大道、祭坛遗迹，传说为当年秦始皇所修。在慈溪周边的象山县和岱山县，也有徐福东渡时曾作短暂逗留的传说。

天一生水

依水而兴

一方水土一方民俗

今之庙，即古之社也。古者，人民聚落所在必奉一神以为社，凡期会要约，必于社申信誓焉。故村社之多寡，即可觇其时民户之疏密，此讲地方史者所当注意也。

——〔民国〕《鄞县通志·舆地志·庙社》

龙舟竞渡

它山贤德庙会

在旧时，每一个村都有一个社庙，社庙与纯粹的宗教场所不同，祭祀的“社”是土地神，“稷”是谷神。这些都源于最古老的土地崇拜，还有行业守护神、地方传说人物、历史人物、祀忠臣孝子等。据记载，民国时期鄞县城乡共有517处庙祀，其中当时城区有159处，旧城内有100余处，像《宁郡地舆图》上就标注了100余处的社庙。祭祀有功于当地的地方官，如梁山伯、王元暐、王安石、吴潜等，多与水利建设有关。这类社庙甚至跨出了村庄社庙的意义，是较大区域水利共同体形成的重要载体。宁波东乡的它山贤德庙会、西乡的高桥会、宁海前童元宵行会、鄞江的“十月十”庙会，都是行会，一般会抬着庙里的神像出巡，将做戏、抬阁、舞龙、舞狮、跑马车等一系列的民间艺术融合在一起。各个团队争奇斗艳，就成了“赛会”。

鄞江它山贤德庙会，其祭祀组织由横跨鄞县和奉化两地的72个村组成，名字叫作“稻花会”，属于香会。王元暐建成它山堰及完成南塘河碶闸建设后五十年左右，人们在堰旁立庙纪念王元暐与为建堰牺牲的十壮士；南宋乾道年间（1165—1173），朝廷赐庙号为“遗德”；宝庆二年（1226），敕封王元暐为“善政侯”；淳祐九年（1249），加封为“灵德侯”。与朝廷加封相同时，大规模的集商业、文化、娱乐为一体的它山水神庙会兴起。庙会一年三期，“十

它山贤德庙会

月十”庙会纪念的是王元暐的生日，也是它山堰开工之日；“三月三”庙会纪念的是它山堰竣工，也是王元暐夫人程氏的生日。这两个庙会以祭祀为主，兼及演戏敬神，男女各有所重。而“六月六”庙会，唐宋两代称“淘沙会”，在六月六前后，由民众自发组织，携带土箕、扁担、沙耙等淘沙工具，到鄞江桥光溪和小溪港两地淘沙，疏通河道。附近商贾也汇集鄞江桥经营贩卖，由此形成了鄞江桥独特的会市。鄞江桥它山庙界下共有 4 大堡、12 小堡，下有 15 个自然村落。每村坊设 1 位柱首，负责主办庙会及磋商庙界下的一切事宜。庙会下设十会一社，各会社分别负责庙神王令公的帽子、袍服、仪仗銮驾、演戏、上供、爵献、祭祀等，组成行会队伍。受益于它山堰和受惠于它山遗德庙的段塘乡民等，则负责组织船队，撑船至鄞江桥，在官池河中演河台戏。

鄞州大嵩滨海平原的咸祥庙会祭祀的两位先贤，一位是曾任唐代浙东团练观察使的裴肃，因讨伐危害百姓的叛乱，被尊为“护海神”；另一位是清代治水贤臣杨懿。杨懿在《救荒六议禀》记载：“大嵩一带背山面海，内无溪河。海潮涌入，则地皆斥卤，禾苗淹沦；天雨不降，则田多龟裂，禾苗枯槁。是以十岁九荒，穷民俱困。”为建海塘，杨懿饥饿不知、寒暑风雨不顾，积劳成疾去世，百姓立祠以祀。祭祀裴君的咸祥庙与祭祀杨公的杨公祠相连。每逢初一、

奉化布龙

月半或有关节日，男女老少成群结队，点香烛、摆供品，祭拜祈祷；而正月十三至十八，八月中秋节，十月初二定为庙会庆典。每次庙会期间都要演戏五天五夜，当时庙脚所辖 8 堡（现全镇 17 个村）的各堡弟子敲锣打鼓、抬着彩船抬阁、奏器乐、放鞭炮参加行庙会。

奉化萧王庙庙会祭祀的是北宋勤政为民的奉化县令萧世显。天禧五年（1021），奉化大旱，萧世显巡行灾区，率民筑堤引水抗旱，开凿五里长渠，引剡江水灌田。次年奉化又旱，而且遭到蝗害，他又至灾区督民捕蝗，途中病逝。后当地立祠塑像奉祀，元朝时被追封为“绥宁王”，其庙宇为“萧王庙”。每年正月十三日至十八日，举行庙会，历时六天六夜。祭祀期间，村民们抬着庙头猪、庙头羊，在一条近百米长的奉化布龙之王的带领下，走街串巷，意为庙会踩街。庙堂内外，昼夜灯火通明，香客不断，戏曲、说书、杂耍轮番上演。奉化布龙是全国很有影响的代表性龙舞之一，起源于南宋，迄今已有 800 多年历史。最初是祈雨抗旱的一种民俗活动，由敬神、请神、娱神，逐步演变成为富有特色的传统民间舞蹈，其舞姿优美、风格独特。

宁海前童元宵行会始于明中叶，盛于明末清初。据《塔山童氏族谱》记载，为纪念明代水利功臣童濠带领族人开渠凿碶、灌溉农田的功德，聚民心修水利，

龙舟竞渡

祈愿年景丰收，每年正月十四闹元宵时举行行会活动。前童行会以鼓亭、抬阁、秋千为特色，精彩动人，在江浙一带独一无二。

龙舟竞渡是宁波由来已久的民俗活动，起源可以追溯到春秋越国时期。1973 年，在宁波和义路余姚江畔淤泥中发掘出宁波第一艘古船“唐龙舟”，这是我国第一次发现的古代龙舟。船身有很多间隔均匀的小孔，小孔旁就是竞渡者所在的位置，这些小孔是船舷划桨支托架的安装点。根据排水量、舟体重量和载重量分析，这艘龙舟可以承载 17 人。古代宁波在清明、端午、中秋开展水上划龙舟活动亦颇为活跃。康熙《鄞县志》有记载：“端午之龙舟，八月十五之中秋，天下皆然，唯四明则以十六为中秋，以中秋竞龙舟。”相传，南宋丞相史浩每年八月十六都会在月湖赛龙舟以娱母亲，丞相孝母，民间因袭成俗。鄞州区云龙镇被认为是以“龙舟竞渡”为标志的端午民俗活动的发祥地。民国时，鄞州云龙庙会的龙舟竞渡在十里八乡颇有名气。2014 年 6 月，中国民间文艺家协会授予云龙镇“中国龙舟文化之乡”的牌匾。

三、江南书香

书香文化是水利文化遗产的相关层。拥江、揽湖、达海的宁波，书香盈溢。宁波书香起于汉晋，兴于两宋。宋代，由于经济繁荣以及重文轻武、兴办学校、开放科举的国家政策，耕读文化遍及宁波城市、乡野。塘河深处、海岸渔村、溪上山村无不书声琅琅。众多农民开始自觉地接受文化教育，从农村走出的一批批寒门士大夫自然也将耕读作为人生乐事，既可提笔写春秋，又能耕田种地、感悟自然。水不仅克火，呵护一楼书香，水利的发展更为耕读书香文化提供了基础。文教日益昌盛，为江南地区注入“士族精神，书生意气”，也使得宁波跻身为我国经济文化枢纽区域之一，“三江六塘河”成为春意常驻、宜居乐业的“人间天堂”。如果没有两宋鄞西、鄞东平原的水利发展，很难想象两宋鄞县能走出 730 名进士。水利月湖的文化高潮是从园林月湖发展成为书香月湖，出现了以天一阁为代表的藏书楼千年相继，以竹洲为代表的书院汇聚地传播浙东学术。同样也很难想象如果没有发达的农商经济、繁荣的浙东运河，百里余姚江能贯联起余姚、慈溪、鄞县三个科举“金三县”。“姚江文化现象”是指明至清中叶的数百年间，以余姚江为纽带的余姚、慈溪、鄞县三县共同构成的文化现象，其特征主要有人物密集、科举鼎盛、文化发达、思想活跃等。传统水利救时济世精神、运河航运水利通济天下精神为“工商皆本”“经世致用”等新儒学思想的产生提供了土壤，这是以四明心学、姚江学派、浙东史学派等为代表的浙东学术能千年相续、终成高标的地理原因。

一池作伴

活水常流润翰墨

此地有崇山峻岭茂林修竹，
其人读三坟五典八索九丘。

——天一阁天一池兰亭楹联

六诏王羲之雕塑

天一阁

“书藏古今”是宁波人共同的记忆符号。从衣冠南渡，两晋名士集聚四明山下，到宋代兴学，科举家族辈出，宁波文化蕴含深厚，博大精深。天一阁，位于海曙区，建于明嘉靖四十年至四十五年（1561—1566），由当时退隐的明朝兵部右侍郎范钦主持建造，是中国现存历史最悠久的私家藏书楼，也是世界上最古老的三大私家藏书楼之一。范钦重视对书籍的保护和管理。他以汉郑玄《易经注》“天一生水，地六成之”，取其“以水制火”之意，名书楼为“天一阁”。也有一说因范钦得元代揭傒斯所书吴道士龙虎山“天一池”石刻而取名。天一阁前凿“天一池”，通月湖，用以蓄水灭火。某种意义上说，月湖活水护佑着古老的天一阁。天一池园林以“福、禄、寿”作总体造型，用山石堆成“九狮一象”等景点。在天一阁藏书的影响下，范钦子孙繁衍，“读书

泮池

种子继绳不绝”。据冯孟颛于民国年间统计，仅其长子大冲一派，便有“男丁一百五六十人，登进士者二人，举人四人，贡生七人，监生十四人，诸生二十八人”。

镇海文庙位于镇海招宝山街道镇海中学内，始建于南宋绍兴八年（1138）。文庙的“泮池”，和全国各地孔庙（文庙）一样，位于大成殿正前方，为半月形水池，意为“泮宫之池”，为官学的标志，初为学宫内环河。南宋嘉定四年（1211），建三桥于泮池上，曰“泮水桥”。古时学士可在泮池采水芹插在帽檐上，以示文才。隋朝开创科举制度，之后考生多迈过泮池上的泮桥，谒拜孔子像，以求前程通达。1841 年 10 月 10 日，鸦片战争镇海之役失利，钦差大臣、两江总督、民族英雄裕谦曾在此投水殉国，实现其与镇海城同生死、共存亡的誓言。现在的泮池占地面积 145 平方米，东西长 26 米，南北宽 6 米，上有石桥 3 座，池四周围以石栏，系 1990 年镇海中学筹资重修。泮池悠悠，文脉斯盛，镇海中学崇德向善，累累硕果。

剡溪出四明山南麓，进入奉化境内，曲折向前，串起了溪口镇的六诏、跸驻、二湖等村，被人们称为“剡源九曲”。其中，六诏村是“剡源九曲”的第一曲，六诏得名始于东晋时期的著名书法家王羲之。东晋永和十一年（355），王羲之辞去官职，从会稽郡城迁至剡县金庭，隐迹山林。他在距金庭数十里的剡源晚

六诏王羲之墨池

香岭，也就是现在的六诏村附近，写字牧鹅。晋穆帝司马聃听闻王羲之辞职隐居，非常震惊，连下六道诏书，诺以委任新职。但王羲之归隐之心已决，无意再入官场，一直隐居在剡溪之源，以书画赋诗教育子孙终其一生。此后，“六诏不就”的典故便流传开来。诏书送到的地方，被称作“六诏村”。元代文人陈沆的《剡源九曲图记》说：“水一曲而为六诏，晋右将军王公逸少隐居其间，诏六下而不起，地由是名。后人为之立庙，有砚石存焉。”如今在六诏村，还保存着王羲之的“墨池”。

绚烂华章
『水』的启示与情怀

戊子王公，始治于明。丁亥孟冬，刻漏具成。
追谓属人，嗟汝予铭。自古在昔，挈壶有职。
匪器则弊，人亡政息。其政谓何，弗棘弗迟。
君子小人，兴息维时。东方未明，自公召之。
彼宁不勤，得罪于时？厥荒懈废，乃政之疵。
呜呼有州，谨哉惟兹。兹惟其中，俾我后思。

——〔北宋〕王安石《明州新刻漏铭》

鼓楼《刻漏艺术景观体》

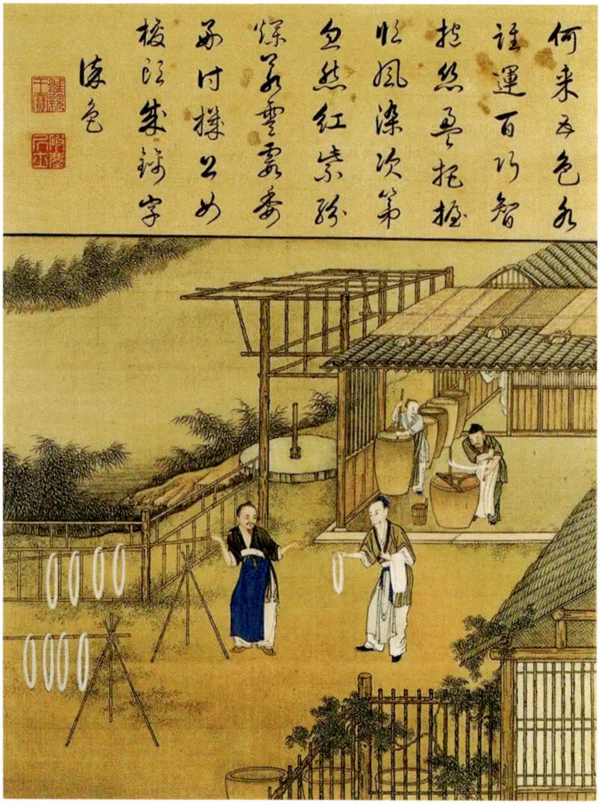

楼璹《耕织图》

中华水文化博大精深，在浩如烟海的文学、绘图等典籍卷轴中，也隐藏着丰富的人水和谐的文化。人水相依的意象是中国文学、图画作品意境的重要组成部分，成为中华民族重要的文化意象。在宁波鼓楼，有一座“铜壶刻漏”，即水钟，起于宋代。北宋铜刻漏主要包括三个方水壶，一个受水壶箭刻，报时铙神。刻漏是以水的流动力学原理，推动受水壶内的标尺升降来计时。王安石为鄞县县令时作的《明州新刻漏铭》文中，记述了他到任后调试鼓楼上刻漏的事情，也借此表达了自己的执政初心：如果管理“挈壶”的人出了问题，那么所有都会乱套。理政就像这套计时系统一样，不能快也不能慢；一定要勤奋廉洁、勇于担当，不然政务也会荒废。他要以刻漏“弗棘弗迟”，勤于报时的精神来管理政治。

南宋楼璹《耕织图》描绘的是中国古代美好的小农经济图景，也是一卷诗画相配的文学艺术作品。两宋水利建设的发展，创造了人水和谐的江南农耕生活。绍兴年间（1131—1162），担任於潜县令的鄞县人楼璹深入田头地角，出入农家，绘制《耕织图》，真实详尽地记录了农作生产过程，

宋徽宗御笔碑

展现了独具特色的江南地区的水田耕作技术系统。后呈献给宋高宗，深得高宗赞赏并获得吴皇后题词。自南宋楼璹《耕织图》问世，至清末700余年间，各种版本的《耕织图》层出不穷。元延祐五年（1318），司农司苗好谦编写《栽桑图说》，将元初李声临摹的楼璹《耕织图》一同编为《农桑图说》，印发给老百姓。明万历年间（1573—1619），楼璹的《耕织图》被引用编入《便民图纂》。清康熙二十八年（1689），康熙帝意外得获南宋楼璹《耕织图》，感慨织女之寒、农夫之苦，命内廷供奉焦秉贞以楼璹原作为基础重绘《耕织图》。作为通过图像推广农业技术的重要作品，《耕织图》不仅在中国农业史上大放异彩，对日本、朝鲜乃至欧洲也产生过深远影响。

宋徽宗御笔碑位于海曙区集仕港镇广德庵内，共二通。这两块宋徽宗御笔碑是南宋文学家楼钥为表彰祖父北宋明州太守楼异围湖造田而刻立的。一通碑额题有“省降御笔”四字，其内容为楼异关于废广德湖、填湖造田的奏请及宋徽宗的批复。另一通碑额为“御笔”二字，碑文内容为宋徽宗给当时明州太守楼异的敕谕与楼异为建造高丽使馆之事。该碑字体为宋徽宗的瘦金体，用笔迅疾轻灵，起止干净利落，为不可多得的艺术珍品。文中记述有关填广德湖造田之事，具有历史资料价值，是一篇难得的明州宋代文献。

宋徽宗御笔碑

千年书声

大运河畔的学派阐扬

萧寺高楼天上看，阳明东眺白云端。
山川如此昔人往，风露依然古杏残。
海市千家过社燕，禁烟二月尚春寒。
自怜不渡姚江水，遥折名花寄讲坛。

——〔清〕彭孙贻《咏坏怀武原古迹二十六首阳明先生杏花楼》

白云庄

白云庄

浙东运河是诗歌之河，也是一条学术之河。浙东学术源起于宋，发达于明清，凭借深厚而久远的文化积累，加以良好的自然、地理、社会、经济和人文环境，运河之畔才人辈出、著述如林，以实事求是、学以经世的为学精神，转移风气、标新立异的学术品格，兼容并蓄、历久弥新的强大生命力，在中国学术史上写下了灿烂的篇章。这是大运河历史冶炼的最为璀璨的思想智慧文化。

阳明学派，又名姚江学派，创始人为明代大儒王守仁。王守仁（1472—1592），号阳明，浙江余姚人。阳明心学的崛起，冲破明初以来繁琐、僵化的学术制约，一时给学术界带来了驰骋思维的清新之风，成为明中叶以后风行南北的学术主流，也对日本及东亚产生了较大的影响。阳明心学从地域运河支撑的繁荣经贸的价值需求出发，批判了“士农工商”四大等级的排序，把传统观念中

白云庄黄宗羲雕像

一直被视作“贱业”的工商摆到与士同等的水平，“古者四民异业而同道，其尽心焉，一也。士以修治，农以具养，工以利器，商以通货，各就其资之所近、力之所及者而业焉，以求尽其心。其归要在于有益于生人之道，则一而已。士农以其尽心于修治具养者，而利器通货尤其士与农也。工商以其尽心于利器通货者，而修治具养尤其工与商也。故曰：四民异业而同道”。王阳明提出“心即理”，最终形成“吾心之良知即天理”的“致良知”学说，主张无论“士农工商”，“人人皆为尧舜”，激励每个人去“赞天地之化育”。

黄宗羲更以时代先觉的眼光，提出了众所周知的“工商皆本”论。黄宗羲究心经史，著述经世，创立浙东史学派。所著《明夷待访录》，博及经济、政治、文化、教育等诸多领域，既全面总结明亡的历史教训，又规划出内容广泛的社会变革方案，

阳明故居

在有清一代留下了久远而深刻的影响，被誉为“中国思想启蒙之父”。甬上名士万泰推崇黄的学术理论，断言“今日学术文章，当以姚江黄氏为正宗”，要求子侄向黄宗羲请谒受业，运河也因此成为学派子弟来往的通道。清康熙七年（1668），黄宗羲从余姚到宁波，创办甬上证人书院。黄宗羲继承先师绍兴刘宗周的衣钵，故将宁波诸处讲学之所也统称为“甬上证人书院”。在他看来，“生平师友，皆在甬上”，“甬上多才，皆光明俊伟之士，足为吾薪火之寄”。黄宗羲讲学重在“经世致用”，主要讲学地为白云庄。甬上证人书院的讲学活动持续了8年，到康熙十四年（1675）结束，这8年是黄宗羲讲学最有成就而且影响最大的时期。其弟子万斯大、万斯选、万斯同等多成为浙东学派的中坚骨干。

后记

宁波水利源远流长，与时俱进，诞生了众多历代人民群众充满智慧地利用、改造大自然的灿烂作品，深刻反映着江南滨海湿地水利与社会、自然的相互关系，是宁波城市发展必要的基础支撑。《浙水遗韵·安澜宁波》是对宁波类型丰富、特色鲜明的水文化遗产的一次较为全面的梳理，用图文并茂的方式向读者展示宁波水文化的深刻内涵与独特魅力，让人们从城市治水的成果中感悟河海之城的文明发展历程和隽永韵味。

“浙水遗韵”丛书是由浙江省水利厅组织、动员全省力量共同完成的新时代重大文化工程。《浙水遗韵·安澜宁波》由宁波市水利局负责组织，由宁波市水库管理中心承担日常组织协调工作，为此专门成立了编纂委员会，由市水利局党组书记、局长张晓峰担任编纂委员会主任，相关局领导任副主任，机关处室、事业单位和区（县、市）水利局主要负责人为委员，由二级巡视员薛琨担任主编，由局办公室主任李旺欣（兼编委办主任）、水库中心主任王建平和市水文化研究会会长沈季民任副主编，由水库中心副主任张虹任编委办副主任。

在编写过程中，编纂委员会在深入学习省水利厅指导精神的基础上，广泛征求宁波本土、省级乃至国家级的专家学者意见，多次召开专题研讨会，并实地考察调研。经过多次修订，才最终确定本书大纲。在对本书“宁波水文化遗产”的梳理过程中，专家学者们对具体的遗产内涵持有不同观点，主要集中于“水文化遗产”与“水利文化遗产”“水利工程文化遗产”三者之间的辨析。经过反复研讨，编纂委员会确定了水文化的内涵，即指以水和水事活动为载体，人们创造的一切与水有关的文化现象，但重点是围绕宁波特色水利文化，尤其是水利工程文化展开。故在本书内容体系中，将水利工程作为水文化遗产的核心内容，着重介绍工程本身与效益，并介绍相关治水贤臣、治水理念等；同时也延伸到与水利建设相关的信仰、民俗活动，以及由水利建设特别是由运河水利引发的城市文明现象，比如运河城镇、浙东文化等。为增强可读性，在介绍水利遗产之时，还引用了与之相关的各类诗文等。

本书的编纂工作由宁波市水文化研究会会长沈季民牵头的工作团队承担。其中宁波文化研究会副会长黄文杰主要负责起草编纂方案，并负责本书的概述、六个章节的文字部分的撰写以及全书的统稿工作；《宁波水文化》副主编何良京主要负责本书水利遗产点部分的文字撰写工作；宁波万里国际学校原高级教师桂维诚主要负责水利遗产点部分的文字润色工作；浙江省摄影家协会会员潘旭光主要负责本书所用图片的摄影工作；沈季民主要负责工作团队的牵头组织、综合协调与保障服务以及书稿的初审等相关工作。

本书的编纂工作始终得到了浙江省水利厅的指导，也得到了宁波市各区（县、市）的大力支持，是各部门紧密配合、通力协作的结果，也是宁波全体水利人集体劳动的结晶，在此谨向所有为宁波水文化遗产普查及本书编撰工作付出辛勤劳动的领导、专家、水利干部表示衷心的感谢！尤其是浙江水文化研究院常务副院长张祝平、宁波市水务环境集团原二级资深经理王文成、宁波市文化遗产管理研究院副院长江怀海、浙江水利水电学院经济与管理学院党委书记宋林君和副院长蒋剑勇等领导和专家，倾注了大量心血，精心审读本书初稿，从打造精品的高度，提出大量中肯而宝贵的意见和建议。编纂组认真听取意见，并仔细修改。

因编写任务急、时间紧，尤其是我们研究还不够深入，视野和水平有限，书稿还未能尽善尽美，差错与不足在所难免，敬请读者批评指正！

编者

2022 年 9 月